Titel der Originalausgabe: Change Your Words, Change Your World

Herausgegeben von Hay House (UK) Ltd. 2012
Hay-House-Rundfunksendungen unter: www.hayhouseradio.com

Andrea Gardner:
Ändere deine Worte und du änderst deine Welt
Projektmanagement: Marianne Nentwig
© J. Kamphausen Mediengruppe GmbH,
Bielefeld 2014
info@j-kamphausen.de

Übersetzung: Yutta Klingbeil
Lektorat: Ulrich Magin
Umschlaggestaltung
und Satz: Wilfried Klei
Druck & Verarbeitung:
Westermann Druck Zwickau

www.weltinnenraum.de

2. Auflage 2014

Bibliografische Information der Deutschen Nationalbibliothek
Die Deutsche Nationalbibliothek verzeichnet diese
Publikation in der Deutschen Nationalbibliografie;
detaillierte bibliografische Daten sind im Internet
über http://dnb.d-nb.de abrufbar.

ISBN Printausgabe: 978-3-89901-702-1
ISBN E-Book: 978-3-89901-853-0

Dieses Buch wurde auf 100% Altpapier gedruckt und ist alterungsbeständig.
Weitere Informationen hierzu finden Sie unter www.weltinnenraum.de

Andrea Gardner

Ändere deine Worte und du änderst deine Welt

Für
Seth,
Charlotte
und
Sophie
in Liebe.

Vorwort

Die Macht der Worte

Worte können Ihr Gehirn beeinflussen. Die richtigen Worte, in der richtigen Weise gesprochen, können ein harmonisches Verhältnis zu all ihren Mitmenschen erschaffen. Die Wahl der richtigen Worte führt zu guter Zusammenarbeit, die falschen können innerhalb von Sekunden Streit bringen. Wenn Sie auch nur für wenige Minuten fortfahren, in einer negativen Art zu sprechen, können Sie damit sogar ihr Gehirn schädigen. Das haben zumindest neueste Forschungsergebnisse aus der Neurowissenschaft ergeben.

Worte erzeugen Gedanken und Gedanken verändern Ihre Wahrnehmung der Welt. Positive Gedanken rufen Gefühle des Friedens und der Gelassenheit hervor, während man mit negativen Gedanken Gefühle von Angst, Sorge und Zweifel erzeugt. Neueste Studien belegen, dass die Stimmung steigt, wenn man eine Liste mit positiven Worten liest. Bei einer negativen Liste fühlt man sich danach schlecht. Wenn Sie in dieser Welt irgendwie erfolgreich sein wollen, müssen Sie die richtigen Worte wählen, die Ihr Gehirn zu positiven Handlungen veranlassen.

Und hier stoßen wir gleich auf das erste Problem: Die meisten unserer Gedanken – und damit die Worte, aus denen sie bestehen – sind unbewusst; deshalb merken wir kaum, wie negative Worte uns bei der Erreichung unserer Ziele beeinflussen. Wenn wir unser Leben und unsere Welt verbessern wollen, müssen wir auf die inneren Dialoge hören, die permanent in unseren Köpfen kreisen. Erst dann können wir die Negativausdrücke in lebensbejahende Worte umwandeln.

Andrea Gardner nennt diesen Umstand den „unaufhörlichen inneren Dialog". Die Forschung zeigt, dass dieser innere Dialog in den ersten beiden Lebensjahren beginnt. Ab dem Alter von zehn Jahren läuft dieser Prozess unbewusst ab, aber der innere Lärm prägt weiterhin fast alles, was wir sagen, fühlen und tun.

Wenn uns die Geschichten, die wir in unserem Kopf hören, nicht gefallen, können wir das innere Skript einfach umformulieren und dabei optimistische Worte verwenden. Wir können uns für Worte entscheiden, die uns ins Handeln bringen und willentlich Worte unterdrücken, die unser Selbstbewusstsein schwächen. Erstellen wir eine Liste von positiven Worten und üben uns in Dankbarkeit, steigen unsere Selbstachtung und Zufriedenheit im Leben enorm.

Den inneren Dialog verändern

Innere Dialoge rasen mit beachtlicher Geschwindigkeit durch unseren Geist. Das führt dazu, dass wir im Gespräch mit anderen immer schneller reden. Fahren wir jedoch unsere Sprechgeschwindigkeit bewusst herunter, versteht uns der andere viel besser und wir verringern unsere eigene Spannung und die des Zuhörers. Lassen wir uns auf positive Worte und Dialoge ein, unterbrechen wir damit die Mechanismen, die zu Missverständnissen und Konflikten führen.

Wenn Sie *sehr* langsam und *sehr* knapp sprechen, können Sie Ihren inneren Dialog besser wahrnehmen und erkennen, wie er Ihnen sagt, was Sie zu tun oder zu lassen haben. Manchmal klingt er wie lästige Eltern oder manchmal auch einfach nur verrückt. Das ist jedoch das Wesen des alltäglichen Bewusstseins – es hält uns derart gefangen in uns selbst, dass wir kaum wirklich auf das eingehen können, was andere uns sagen.

Wenn wir das innere und äußere Gerede verlangsamen, können wir unsere Worte viel sinnvoller wählen. Dabei erhält jedes Wort mehr Ausdruck, mehr Mitgefühl und Bedeutung. Das kann im Gehirn des Zuhörers inspirierende Gedanken hervorrufen. Es kann sogar sein, dass der Zuhörer genau Ihre eigene Gemütslage widerspiegelt. Diesen Prozess nennen wir „neurale Resonanz". Es ist die effektivste Art, gegenseitiges Verständnis und Vertrauen aufzubauen. Man kann den eigenen Worten sogar durch Schweigen mehr Nachdruck verleihen und somit den anderen zu mehr Bewusstheit verhelfen.

Die Kraft des Schweigens

Andrea Gardners Geschichte wird Sie sicherlich inspirieren, wobei die Inspiration stärker durch Ihre eigene Fantasie hervorgerufen wird als durch die tatsächliche Wortwahl in diesem Buch. Worte sind nur Worte, Symbole, die jeder Mensch auf diesem Planeten auf seine einmalige Art und Weise verwendet. Denken Sie z.B. an das Wort Liebe. Wir wissen alle, was es bedeutet. Wenn wir jedoch nach einer Definition des Wortes fragen, hat jeder eine andere Erklärung. Ich gebe Ihnen dazu ein persönliches Beispiel. Ich *liebe* Schokolade sehr. Ich liebe tiefschürfende Gespräche. Ich liebe die Wissenschaft. Und ich liebe besonders meine Familie. Jede dieser Arten von „Liebe" ist jedoch grundverschieden. Dieser Unterschied wird deutlich durch den Tonfall, durch die Erinnerungen, die mit den Vorstellungen und Gefühlen der Liebe verknüpft sind.

Worte sind tatsächlich das Allerunwichtigste im Kommunikationsprozess. Andrea Gardner und ihr Mann Seth haben diese Tatsache in einem erstaunlichen kleinen Video eingefangen, das weniger als 90 Sekunden dauert. Dieses Buch basiert auf der Aussage dieses Films, der mich ausgesprochen bewegt hat. Er überzeugt derart, dass ich ihn in all meinen Trainings benutze. Wenn Sie diesen Film mit dem Titel *Die Macht der Worte* noch nicht gesehen haben, schauen Sie ihn sich unter folgendem Link an: http://www.youtube.com/watch?v=Hzgzim5m7oU.

Ich habe mir dieses Video schon unzählige Male angesehen, und jedes Mal kommen mir die Tränen. Es wird bei Ihnen vermutlich auch Traurigkeit oder Freude auslösen. Wenn ich Ihr Gehirn dabei durchleuchten würde, könnte ich sehen, wie der Film wichtige Nervenschaltkreise in Ihnen stimuliert, die mit sozialem Bewusstsein und Mitgefühl verknüpft sind.

Wie ist das möglich? Wie können ein paar Worte, schweigend „gesprochen", Ihr Herz, Ihren Geist und Ihre Seele berühren? Die Antwort darauf werden Sie auf den Seiten dieses Buches finden. Sie müssen sich nur auf die verborgenen Bilder, die durch Ihre Fantasie wachgerufen werden, einlassen.

Andrea Gardner berichtet in diesem Buch von ihrem Weg, den sie ohne einen Cent begann, als sie um ihre Existenz kämpfte. Sie war jedoch nicht voller Sorge, Angst und Zweifel. Sie hielt an ihrem heiligen inneren Traum fest, einem Traum, der auf Hoffnung und unerschütterlichem Vertrauen basierte. Ihre Geschichte und ihre Worte werden Ihre geistige Einstellung und Ihr Leben verändern. Es wird Ihnen gelingen. Sie können Ihre eigene Lebensgeschichte und Ihre Worte nehmen und sie von Herzen leben. Wenn Sie das tun, bringen Sie größere Freude und Frieden in diese Welt.

Vielen Dank, liebe Andrea, dass du meine Welt mit deinen Worten verändert hast!

Mark Robert Waldman

Lehrbeauftragter an der Loyola Marymount University, Los Angeles, Autor von *Words Can Change Your Brain: 12 Strategies to Build Trust, Resolve Conflicts, and Increase Intimacy.*

Einleitung

Der innere Dialog

„Die Welt, die wir erleben und die uns so verrückt erscheint, ist das Ergebnis eines Glaubenssystems, das nicht funktioniert. Wir müssen bereit sein, unser Glaubenssystem zu ändern, uns allmählich von der Vergangenheit zu lösen, unseren Sinn auf das Jetzt auszurichten und unsere Ängste in unserem Geist aufzulösen, um die Welt mit anderen Augen wahrnehmen zu können."

William James

An Flughäfen muss ich immer schmunzeln, wenn ich an Bord gehe und man mich fragt:

„Haben Sie Gepäck zum Einchecken?"

„Oh ja, jede Menge."

„Haben Sie Ihre Koffer selbst gepackt?"

„Nun, manchmal soll ich für andere Leute Dinge mitnehmen, die ich dann mit mir herumschleppe, aber ich entscheide selbst, was ich mitnehme."

„Hat eventuell jemand Ihr Gepäck manipuliert?"

„Das soll jemand mal versuchen!"

Ich verabschiede mich glücklich von meinem Gepäck und fühle mich für ein paar Stunden frei und erleichtert. Wenn ich dann auf einem anderen Kontinent lande, entdecke ich, wie mir mein Gepäck wie ein treuer und vertrauter Freund gefolgt ist. Ein Teil von mir ist erleichtert, der andere kennt die Last des Wiedererkennens und bereut die Verpflichtung, dass er das Gepäck wieder vom Laufband nehmen muss. Aber ich hole es, schließlich ist es meins.

So ist es auch mit unserer eigenen Last. Es kann lästig sein, sie immer mit sich herumzuschleppen. Aber ohne sie wüssten wir nicht, wer wir sind. Und ehrlich gesagt wissen wir die meiste Zeit gar nicht, was alles in unserem Rucksack steckt!

Wenn Probleme in unserem Leben auftauchen, sind wir aufgefordert zu handeln: nach innen zu gehen, zum Kern der Sache und auf unser Herz zu hören. Vielleicht ist es die Chance, einen Blick in den Rucksack zu werfen und alles loszuwerden, was uns im Leben nicht mehr auf konstruktive Weise dient. Das Werkzeug dazu liegt in unseren Vorstellungen, unseren geistigen Konzepten und den Worten, die wir verwenden.

Der Ursprung der Glaubensvorstellungen

Aus der Psychologie wissen wir, dass unsere Glaubenssätze im Alter von drei bis zwölf Jahren geformt werden. In dieser Lebensphase verfestigt sich unsere Weltsicht tief in unserem Gehirn. Wir sind in diesem Alter sehr aufnahmefähig und differenzieren kaum. Wir hoffen, dass die Erwachsenen, von denen wir abhängig sind, unser Bestes wollen. Sogar in stabilen Familienverhältnissen, in denen Eltern ihr Bestes geben, trägt der Erwachsene immer noch sein ererbtes negatives Glaubenssystem mit sich herum. Er ist sich dessen möglicherweise nicht bewusst oder er kommt erst gar nicht auf die Idee, es infrage zu stellen. Sie sehen also, wie leicht sich Muster wiederholen – unsere Lehrer können uns nur das vermitteln, was sie selbst gründlich gelernt haben.

Im Geiste erzählen wir uns selbst andauernd irgendwelche Geschichten. In seiner Reihe *Magical Mind, Magical Body* erklärt Deepak Chopra, dass wir täglich etwa 50 000 Gedanken denken, wobei 98 Prozent sich nicht von denen des Vortages unterscheiden. Wenn wir eine Reihe von Glaubenssätzen in uns haben, die sich hauptsächlich aus den Erfahrungen anderer zusammensetzen und uns als Kind übertragen wurden und die wir wortwörtlich jeden Tag wiederholen, ist es dann ein Wunder, dass sich unser Leben genauso entfaltet, wie wir es uns vorstellen? Zeichnet sich dann eine Veränderung ab, neigen wir allgemein dazu, sie niederzuringen.

Wovor fürchten wir uns eigentlich? Nichts bleibt auf ewig so, wie es ist. Im Grunde hat jeder Gedanke und jede unserer Zellen die Möglichkeit, sich in jedem Moment zu ändern. Betrachten wir uns beispielsweise die Vorstellung, die wir von unserem Körper haben. Unser physischer Körper besteht aus einer Ansammlung von Ideen, die wir über ihn haben. Wenn wir unsere Worte ändern, können wir auch unsere Welt ändern. Ändern wir also unsere inneren Dialoge und Vorstellungen über uns selbst, können wir letztendlich auch unseren Körper verändern.

Wenn es uns schlecht geht, fragt uns vielleicht jemand, was los ist.

Der Spruch „Der Geist ist stärker als die Materie“ wird dann angewendet, wenn wir etwas im Außen überwinden wollen. Materie wird definiert als der Stoff, aus dem alle Dinge gemacht sind. Materie besteht auch aus chemischen Substanzen. Die Quantenphysik und die Neurowissenschaft sprechen davon, dass Materie von Energie beeinflusst wird und dass Gedankenmuster und Emotionen auch aus Energie bestehen. Wenn demnach unsere Gedanken und Emotionen unseren physischen Körper beeinflussen und wir diese Gedanken bewusst steuern können, dann können wir konsequenterweise auch unser Inneres und unsere Umgebung beeinflussen.

Auf den Körper hören

Ungleichgewichte entstehen auf verschiedenen Ebenen, bevor sie sich körperlich äußern. Deshalb funktionieren häufig Techniken wie Reiki oder Gesundbeten, die Energien ausgleichen. Die physische Materie ist das dichteste unserer Energiefelder. Es kann viel Kraft kosten, etwas auf dieser Ebene aufzulösen, wenn wir nicht auch das emotionale und spirituelle Ungleichgewicht behoben haben. Wenn wir nicht zur wahren Ursache des medizinischen/körperlichen Problems vordringen, behandeln wir lediglich die Symptome. Die Erkrankung wird vermutlich wieder auftauchen. Das hat mich meine Erfahrung gelehrt.

Wir als holistisch praktizierende Therapeuten müssen jeden Aspekt berücksichtigen, der möglicherweise mit einer Krankheit zusammenhängen kann, um zu der wahren Ursache des Symptoms vorzudringen. Gärtner haben dafür ein intuitives

Verständnis. Wenn ein Rosenstock irgendwo schwarze Punkte hat, nützt es nichts, ihn einfach mit Pestiziden zu behandeln. Wichtig wäre, festzustellen, ob er sich am richtigen Platz befindet, ob er die richtigen Nährstoffe erhält, genügend Licht, Platz und Wasser bekommt. Sind die Rosen mit Parasiten befallen? Fühlen sich die Rosen dort, wo sie stehen, wohl? Meiner Meinung nach besitzen alle Pflanzen, Bäume und Tiere ein eigenes Bewusstsein. Wenn sie ein Problem haben, wird es sich physisch niederschlagen, damit sie Aufmerksamkeit erhalten. Genauso macht es unser Körper.

Meiner Erfahrung nach gibt uns unser Körper ständig ein Feedback. Unser Leben ist oft zu laut und hektisch, als dass wir die zarte, leise Stimme in uns hören, die uns sagt, wann wir uns nicht mehr im Gleichgewicht befinden. Unser westliches Leben in diesem 21. Jahrhundert ist „komplett ausgefüllt". Dennoch fühlen wir uns nicht „erfüllt". Wenn wir weiterhin die kleineren Symptome ignorieren, wird unser Körper eine ernsthaftere Krankheit hervorbringen, die uns dann zwingt, etwas zu unternehmen. Wir sind gesegnet mit dieser inneren Weisheit und müssen nur bereit sein, Fragen zu stellen, zuzuhören und manchmal geduldig auf die Antwort zu warten.

Wir verbringen normalerweise viel mehr Zeit damit, uns zu überlegen, was wir durch unseren Mund aufnehmen als damit, welche Worte wir aus ihm herauslassen. Natürlich spielt dabei vieles eine Rolle: welche Nahrung wir zu uns nehmen, welches Wasser wir trinken, unser soziales Milieu, unsere Gene. Ich bin jedoch felsenfest davon überzeugt, dass wir unsere Lebensqualität positiv beeinflussen können, wenn wir bewusst mit unseren Gedanken, Gefühlen, Überzeugungen und unserer Wahrheit umgehen und diese ausdrücken.

Die neuesten wissenschaftlichen Erkenntnisse von inspirierten Pionieren wie Dr. Candace Pert und Dr. David Hamilton belegen, dass Körper und Geist eng miteinander verbunden sind. Die

Wissenschaft hält es nicht mehr für nötig, die beiden Worte voneinander zu trennen. Somit ist der „Körpergeist" der Teil von uns, der unsere Gedanken verarbeitet und sie Realität werden lässt.

Aber wo bleiben dabei die Spiritualität, die Inspiration, diese außergewöhnlichen Erlebnisse, die uns ohne jeden Zweifel wissen lassen, wer wir sind und warum wir hier sind? Ich würde sogar noch weitergehen und Sie daran erinnern, dass wir eine Dreiheit sind, ein KörperSeeleGeist-Wesen. Deshalb müssen wir Krankheiten gleichzeitig auf allen diesen Ebenen angehen. Wenn ich von Krankheit, von Un-Wohlsein spreche, meine ich damit nicht nur physisches Leiden. Das „Wohlsein" ist unser natürlicher, spiritueller Zustand. Das wird jeder wissen, der seine sterbliche Form schon einmal überwunden hat! Es ist nicht leicht, an einen Körper gebunden zu sein! Er wird älter und brüchig, er braucht regelmäßige Pflege und viele von uns haben noch weitere körperliche Beschwerden, die uns im Leben herausfordern.

Es ist zu wenig, lediglich die physische Hülle zu behandeln, auch wenn es die Symptome vorübergehend erleichtert. Es ist auch nutzlos, nur mit dem Geist zu arbeiten, obwohl viele meinen, dass er das Kontrollzentrum des Körpers sei. Ebenso wenig können wir ein rein spirituelles Leben führen, denn wir müssen gleichzeitig Körper und Geist nähren.

Kreative Intuition

Damit wir rundum gesund sind, müssen wir uns als Ganzheit fühlen. Erst wenn die drei Aspekte unseres Seins – Körper, Geist und Seele – im Gleichgewicht sind, fühlt sich unser Leben „richtig" an; wir befinden uns in Übereinstimmung mit dem Kosmos.

Immer mehr Menschen wird bewusst, dass sie daran gehindert werden, ihr wahres Potenzial zu leben und dass sie nur einen kleinen Prozentsatz davon umsetzen. Es sind nicht die Regierungen oder Unternehmen, die Terroristen oder die ökologischen Gefahren, die sie daran hindern. Es sind auch nicht die Eltern, die Partner, die Kinder, die Religion oder die Arbeit. Es ist auch nicht der eigene Gesundheitszustand. Nein, es sind die Menschen selbst, die sich behindern, und zwar durch ihre inneren Dialoge, diese heimtückischen inneren Saboteure, die sie an ihrer inneren Weisheit zweifeln lassen.

Wir alle kennen diese weise, innere Stimme, die uns bittet, einen Regenschirm mitzunehmen, selbst wenn der Himmel gerade wolkenlos blau ist, oder diese absolute Sicherheit, wer gerade am Telefon ist, wenn es klingelt oder das Bauchgefühl, das uns bei wichtigen Entscheidungen leitet. Es ist das gleiche innere Führungssystem, das unser Herz schlagen lässt, unsere Atmung reguliert, einen Fötus heranreifen lässt und die monatliche Menstruation mit den Mondphasen steuert.

Wir können auch auf unsere Intuition zugreifen, um Hinweise zur Heilung des Körpers zu erhalten, um kreative Lösungen zu finden und um unserem Leben mehr Sinn und Freude zu geben. Wir müssen nur bereit sein, uns mit dieser inneren Intelligenz zu verbinden und uns ihr hinzugeben. Dann stellen wir fest, dass wir unsere eigene Lebenslandkarte erschaffen.

Vor einiger Zeit hatte ich einen Traum, in dem ich in einem rasend schnellen Zug fuhr. Ein kleiner Mann näherte sich und fragte mich geheimnisvoll: „Soll ich dir zeigen, wie man dieses Ding fährt?“

Da ich sehr neugierig war, folgte ich ihm durch das Abteil zu einem Steuerpult, das mir noch nie aufgefallen war. Er zeigte mir einen Bildschirm, der wie eine schwebende Glaskugel in einer Kuppel aussah.

Ich beobachtete ihn, wie er seine Hand zunächst über die Kuppel bewegte, dann wieder über die Glaskugel. Auf dem Bildschirm erschien dadurch eine Karte, die er so heranzoomte, dass ich einen Weg mit vorbeifliegenden Bäumen erkennen konnte. Er grinste und lud mich ein, es selbst zu versuchen. Ich wollte wissen, warum ich den Zug fahren sollte. Schließlich steuerte ihn bereits jemand anderes sehr gut. Der Zug fuhr, die Schienen waren unter uns und er sollte pünktlich ankommen.

„Es ist dein Zug", erklärte er geduldig. „Du kannst ihn dahin steuern, wo auch immer du hin willst."

„Aber was ist mit den Schienen?", fragte ich.

„Du verlegst einfach die Schienen, während du fährst!", antwortete er lachend.

Ich erwachte aus diesem Traum, döste aber gleich wieder ein und träumte etwas Ähnliches. Dieses Mal befand ich mich auf einem Kreuzfahrtschiff und hing meine Wäsche im Maschinenraum auf. Eine Putzfrau kam auf mich zu und fischte einen Schlüssel aus ihrer Schürze heraus, den sie mir gab.

„Was soll das?", fragte ich sie.

„Das ist der Schlüssel zu deinem Schiff."

Ich begriff schnell und fragte gleich: „Zeigst du mir den Navigationsraum?"

„Oh, den gibt es gar nicht, es gibt nur das hier." Sie nahm den Schlüssel, um einen Schrank zu öffnen, der einem Bullauge glich.

„Ein Fenster?"

„Eher so etwas wie ein GPS. Du schaust hier einfach durch, entscheidest dich, wo du hin willst und das Schiff fährt dorthin. Es kann deine Gedanken lesen", sagte sie mit einem Lächeln.

Wenn das keine klare Aufforderung meiner inneren Weisheit war, meiner Intuition zu folgen! Das Leben hält so viele Wunder bereit, wir müssen nur lernen, uns selbst zu vertrauen und unsere Vorstellungen mit Sorgfalt zu entwerfen. Dann werden wir zu wundersamen Orten geführt, an die wir nicht zu glauben wagten.

Der Prozess des Lebens

Mit diesem Buch können Sie Ihr inneres Terrain entdecken und Ihren unablässigen inneren Dialog steuern, der wie ein Film in Ihrem Geist abläuft. Sie brauchen sich nur etwas Zeit zu nehmen, um die in diesem Buch verteilten Anregungen anzuwenden, um auf Ihre Worte zu achten, die Sie in den Mund nehmen und um an Ihren Glaubenssätzen zu arbeiten. Das wirkt sich automatisch auf Ihre Taten aus. Ihr Leben wird sich auf wundersame Weise so verändern, dass es Ihren schönsten Vorstellungen entspricht.

Als Ergebnis spüren Sie einen tiefen Frieden in sich und ein Gefühl der Ehrfurcht dem Leben gegenüber. Sobald Sie die Verantwortung für Ihre eigene Geschichte übernehmen, entweder ein Mini-Drama oder einen abendfüllenden Spielfilm, wird sich Ihre Gesundheit auf jeden Fall verbessern. Wenn Sie erst einmal alte Vorstellungen auf den Kopf stellen und neue, aufbauende Glaubenssätze entwickeln, merken Sie bald, dass Ihr Kontostand von Ihrer Einstellung zum Thema Geld abhängt, von Ihrer Vorstellung, wie viel Wohlstand Ihnen eigentlich zustehen dürfte – und nicht umgekehrt. Wenn Sie Ihre Worte in Liebe baden, bevor Sie sie aussprechen, um wie viel schöner können Ihre Beziehungen zu anderen Menschen werden!

Vieles von dem, was wir gelernt haben, wurde uns über Worte und Geschichten vermittelt, die auf den Glaubenssystemen anderer Menschen basieren. Die meisten von uns haben sich nie die Mühe gemacht, diese Sichtweisen infrage zu stellen und zu prüfen, ob sie uns als Erwachsenen noch dienen oder eher behindern. Wir misten zwar unsere Kleiderschränke aus, sortieren unsere E-Mails und räumen unsere Wohnungen auf, aber wie oft misten wir unsere Überzeugungen aus?

In diesem Buch erfahren wir, wie die Wahl unserer Worte unsere Erfahrung hier auf Erden entweder behindert oder unterstützt, einengt oder bereichert.

Bei einigen Übungen werden Sie möglicherweise feststellen, dass Sie an den Rand Ihres komfortablen Sicherheitsbereichs gedrängt werden. Sie fühlen sich plötzlich abgelenkt, sehr müde, besorgt oder verärgert; oder Sie fangen an zu gähnen oder fühlen sich irgendwo im Körper unwohl. Lassen Sie alles zu. Es ist ein gutes Zeichen und deutet darauf hin, dass Sie mit etwas in Berührung kommen, das Ihnen in der Vergangenheit Probleme bereitet hat, vielleicht ohne dass Sie es gemerkt haben. Denken Sie daran, dass ein Mensch, ein Gedanke oder eine Situation nur dann Macht über Sie haben kann, wenn Sie das zulassen. Bleiben Sie einfach präsent, atmen Sie und nehmen Sie sich vor, Schritt für Schritt vorzugehen. Es geht zunächst nur um einen einzigen Schritt, mehr ist nicht nötig. Sie spüren schon, wenn Sie für den nächsten Schritt bereit sind.

Die Arbeit an sich selbst und die Bewusstwerdung der eigenen Wirkung auf andere kann ein sehr spannender Prozess voller Überraschungen und Wunder sein! Die Selbstentwicklung kann sich schnell in eine Art Nabelschau mit Suchtcharakter verwandeln. Der Prozess kann eine gewisse „Schwere" erhalten, wenn wir uns zu sehr auf unseren emotionalen Ballast konzentrieren. Das Ziel ist es, unseren negativen Gedankenstrom und die Art, wie wir mit uns und der Welt kommunizieren, zu ändern und sich nicht in der Frage zu verlieren, warum wir so denken oder sprechen, wie wir es tun. *Ändern Sie Ihre Worte und Sie ändern Ihre Welt*. Und fragen Sie sich zwischendurch immer wieder: Kann ich mit Worten tatsächlich *mehr bewirken* als mit Schweigen?

1.

So fing es an

„Das größte Abenteuer liegt darin,
das Leben deiner Träume zu leben."

Oprah Winfrey

Es war im September 2002, die Sonnenstrahlen drangen durch das Laub der Bäume hinter dem Haus. Ich schnallte mir meinen Rucksack um, öffnete die Tür und atmete tief den Vanilleduft dieses Morgens ein, der sich mit einem nussig-erdigen Geruch vermischte. Er erinnerte mich sanft daran, dass sich die Jahreszeit langsam änderte.

Irgendetwas fühlte sich heute anders an. Die Blätter hoben sich scharf gegen den unglaublich blauen Himmel ab, der sich seltsamerweise sehr nah anfühlte. Alles schien mir etwas mitteilen zu wollen. Ich spürte, wie das Blut in meinen Adern in einem uralten Rhythmus pulsierte. Obwohl ich sehr genau lauschte, drang als einziges Geräusch weit und breit nur Vogelgezwitscher zu mir durch.

Ein neugieriges Eichhörnchen hielt auf halbem Weg in den Garten an der Gartentür mit ihren fünf Balken inne. Es beäugte mich unerschrocken, als ob es mir sagen wollte: „Na, worauf wartest du denn noch?“ Dann flitzte es davon.

Ich seufzte und ging durch das hohe Gras in Richtung des nahegelegenen Waldes. Als ich an die Bruchsteinmauer kam, die die Felder abgrenzte, beugte ich mich nieder, um ein paar getrocknete Zweige aufzuheben. Dabei fiel mir Seth ein, mein neuer Partner (und guter Freund seit 20 Jahren), und ich dachte, dass er jetzt etwas verpasste. Gut, wir waren zwar mittellos und bald ohne Wohnung, aber so einen wundervollen Morgen durfte man sich doch nicht entgehen lassen!

Ich blickte zurück auf das kleine, weiße Ayrshire-Cottage mit seinen verblichenen, hängenden Körben und eine Welle der Wertschätzung für alle Mitbewohner stieg in mir auf: Seth, der noch zusammengerollt in seinem Bett lag; seine beiden wunderschönen Töchter, die uns jedes Wochenende besuchten; seine stille Schwester Becky und ihr kleiner Sohn Josh. Wir waren oft auf der Flucht vor den Gläubigern, die uns immer wieder umzingelten, und mussten somit alle in dem einzigen Raum des Häuschens eng zusammenrücken.

Wir hatten alle einmal einen Traum, an den wir leidenschaftlich und voller Begeisterung glaubten. Einige unserer Freunde und Kollegen tun es immer noch unerschütterlich. Wir werden ihnen ewig dankbar sein. Zwei Jahre zuvor zog ich von England nach Schottland, in einem Zustand des Burn-outs und dennoch entschlossen, auf mein Herz zu hören. Seth und ich zogen zusammen in eine Wohnung, um ein Multimedia-Business aufzubauen. Wir wollten etwas in dieser Welt bewirken. Das war zumindest unser Ideal. Gerade zu der Zeit, als Schottland als der kranke Mann in Europa galt, hatten wir eine interaktive Software für Kinder entwickelt. Sie sollten auf spielerische Weise über die Themen Ernährung und Bewegung aufgeklärt werden. Die Software wurde schnell vom Stadtrat Glasgow und von einigen bekannten Persönlichkeiten vor Ort angenommen.

Wir dachten, unsere Zukunft sei gesichert. Naiv wie wir waren, hatten wir uns vorgestellt, dass sich unser Geschäft innerhalb von zwei Jahren amortisieren könnte. Wir hatten uns komplett verschuldet. Es sollte noch vier Jahre dauern, bis unser Projekt endlich in den nationalen Lehrplan aufgenommen wurde. Bis dahin hatten wir allerdings unsere Wohnung, unsere Energie, unsere Zahlungsfähigkeit und fast unseren ganzen Stolz verloren. Aber das ist eine andere Geschichte.

Ich stand an diesem Spätseptembermorgen in der Stille des Waldes, die Arme und den Rucksack voller Feuerholz, und wusste, dass ich weiterziehen musste, allerdings nicht, wie und wohin, und doch fühlte ich mich so lebendig wie nie zuvor.

Wir hatten die letzten beiden Monate in dem Häuschen verbracht. Der Tagesablauf war meistens derselbe. Aufstehen, duschen, anziehen, was gerade greifbar war, eine schnelle Tasse Tee, eine Scheibe Toast, bevor wir uns einem Gläubiger stellen mussten. Seth fuhr tapfer nach Glasgow, mit der unerschütterlichen Hoffnung, einen Scheck oder eine andere gute Nachricht zu erhalten (was nie geschah), keine Mahnungen mehr zu bekommen (was auch nie geschah), während ich in den Wald ging, um Feuerholz für den Kamin zu besorgen, unsere einzige Heizquelle im Cottage.

An diesem Morgen kam jedoch alles anders. Am Abend zuvor hatte uns Becky behutsam gebeten, das Häuschen zu verlassen. Es wurde langsam zu anstrengend, auf engstem Raum mit drei sehr lebendigen Kindern und zwei verzweifelten Erwachsenen zu hausen. Diese Nachricht war zu viel für Seth. Er zog sich ins Bett zurück, entschlossen, dort so lange wie möglich zu bleiben. An dem Morgen ließ ich ihn in Ruhe und ging in den Wald, mit der unbekümmerten Überzeugung, dass trotz alledem irgendetwas Gutes geschehen würde.

Der Baum der Erkenntnis

Einige Wochen zuvor, als ich gerade wieder einmal Feuerholz im Wald sammelte, fühlte ich mich zu einem riesigen Baum hingezogen, der mit aller Kraft aus der Erde emporwuchs. Es war eine unglaublich große Buche, die alle anderen Bäume der Umgebung in den Schatten stellte, und die von einem grünen Geheimnis umhüllt war. Wir nannten sie „Mama Buche".

Ich hatte bis dahin das nüchterne Leben einer Geschäftsführerin in der Zeitungsindustrie geführt und war anschließend Inhaberin meiner eigenen Firma gewesen, also nicht darin geübt, mit Bäumen zu reden. Als ich die Buche in meinem Kopf sprechen hörte, führte ich das auf meinen völlig erschöpften Zustand zurück.

„Setz dich her, nimm ein Blatt Papier und schreibe dein ideales Leben auf ... und sieh zu, dass du es auch verstehst!" Das waren die Worte des Baumes, nicht meine. Ich war fassungslos und fühlte mich innerlich so, als ob ich den nächsten Tiefpunkt erreicht hätte. Ich zog mein Notizbuch aus der Tasche, lehnte mich mit dem Rücken an die Buche und begann zu schreiben. „Bitte im Präsens", ermahnte sie mich.

Etwa eine Stunde später hatte ich einige Seiten mit Dingen vollgeschrieben, von denen ich gar nicht wusste, dass ich sie wollte: ein großes Haus als Heim für Familie und Freunde, in wunderschöner Natur gelegen, umgeben von Feldern und Bäumen, und ein Raum der Heilung, in dem ich schreiben konnte. Ich wollte einen Beruf, in dem ich beides vereinbaren konnte (Heilen und Schreiben), von zu Hause aus arbeiten und genug zum Leben verdienen. Ich wollte einen Hund haben ... und Seth heiraten. Unglaublich, was für eine Vorstellung!

Hier stand ich nun, Wochen später, vor diesem Baum und dachte: „Hmm, das war es wohl." Als ich mich umdrehte und gehen wollte, spürte ich, wie sich hinter meinem Rücken das Wort „Vertrauen" breit machte.

Ich legte das Holz vor die Haustür, klopfte an das Schlafzimmerfenster und rief, dass ich spazieren gehen würde. Stille. Das Auto stand immer noch in der Einfahrt.

Becky hatte das alte ehemalige Pförtnerhaus von einem Gutsherrn gemietet, dem das abgewirtschaftete Stück Land gehörte. Das Haus war einst als „Die Herausforderung" bekannt gewesen, denn es stand über der Kreuzung zweier Ley-Linien. Eine der Linien läuft auch durch die Ruinen der ersten schottischen Freimaurerloge. Die Energie, die sich in dem Haus auflädt, ist dermaßen kraftvoll, dass man regelmäßig an einen Stein schlagen muss, um sie abzubauen. Der Ort ist ein legendärer Kraftplatz der Transformation. Er befindet sich am Anfang eines Gebiets von 2,6 Quadratkilometern aus einheimischen und importierten Bäumen, hügeligen Feldern und einem gurgelnden Fluss, der durch die Landschaft mäandert. Den krönenden Abschluss dieses Anwesens bildet ein großes Herrenhaus aus dem 12. Jahrhundert, das baufällige Wohnunterkünfte umgeben.

Ich ging den Weg zum Herrschaftshaus und war so in meine Gedanken versunken, dass ich das Auto, das neben mir hielt, gar nicht bemerkte. Durch das Fenster schaute mich Lina an, die Frau des Gutsherrn. Sie rechnete damit, das Erbe ein paar Monate früher antreten zu können und wollte das Haus renovieren. Wir hatten uns in früheren Zeiten über ein paar Gläsern Wein öfter ausgetauscht. Daraus hatte sich eine wertvolle Freundschaft entwickelt.

„Hallo Liebes! Du siehst aus, als ob du eine gute Tasse Kaffee und einen Plausch vertragen könntest! Steig ein!", trällerte sie. Wir fuhren an einem alten, moosbedeckten Tennisplatz vorbei zu ihrem gerade umgebauten Kutschenhaus. Bei einem frischgebrühten, schäumenden Kaffee an ihrem AGA-Herd in der großen, warmen Küche klagte ich ihr mein Leid. Eigentlich wollte ich nicht so weit ausholen, aber eine Stunde verging, mein Kaffee war inzwischen kalt geworden und ich plapperte immer noch.

Sie sah mich nachdenklich an und neigte den Kopf zur Seite. „Hmm, ich muss einkaufen gehen, wie wäre es, wenn du mitkommst? Dann könntest du weitererzählen." Sie sagte es in einem Ton, der keine Widerrede duldete, also folgte ich ihr aus dem Haus zum Auto. Sie hielt vor dem Haupthaus an und zog einen Bund mit unendlich vielen Schlüsseln hervor. In der nächsten halben Stunde trabte ich hinter ihr her, nach oben bis in den vierten Stock, durch jedes Zimmer und zurück ins Erdgeschoss. Dabei plapperte ich die ganze Zeit. Wir kamen in die Küche und ich holte tief Luft.

„Also ... würde es dir gefallen, hier zu wohnen, meine Liebe?“, fragte sie mit einem Lächeln.

„Hier?“, fragte ich verständnislos.

„Ja, hier, im Ostflügel.“

Erst dann bemerkte ich, dass das Haus eigentlich leer war; so sehr war ich von meiner eigenen Geschichte gefangen gewesen. Es fühlte sich so an, als ob eine Fee mich mit ihrem Zauberstab berührt hätte. Und ich wollte, dass der Zauber nie aufhörte.

„Das würde ich liebend gerne tun, aber wir können uns das niemals leisten.“

„Hör mal, ich kenne deine Träume und ich glaube fest daran, dass sie wahr werden! Du hast sie doch aufgeschrieben, oder? Bespreche dich mit Seth und überlegt zusammen, was ihr euch leisten könntet und zahlt es dann in den Fonds ein. Ich vertraue euch da völlig!“, entgegnete Lina.

Ich zuckte zusammen, schon wieder dieses Wort Vertrauen ...! Ich konnte mich kaum zurückhalten und überhäufte sie mit Küssen, dankte ihr und rannte aus dem Haus. Ich hielt erst an, als ich bei Beckys Cottage ankam.

Seth lag immer noch eingekuschelt im Bett und wachte vermutlich mit einem riesigen Schock auf, als ein blondes, atemloses, aufgeregtes Bündel mit voller Wucht auf ihm landete. Als er schließlich das Wesentliche aus dem Wortschwall, der auf ihn niederprasselte, herausgefiltert hatte, lächelte er und wir begannen zu überlegen, wie viel wir zahlen konnten.

Obwohl wir jeden Cent, den wir noch übrig hatten, zusammen mit den mageren Einnahmen aus den paar Aufträgen zusammenkratzen konnten, reichte das Ergebnis keinesfalls für eine angemessene Summe, die für den Fonds akzeptabel gewesen wäre. Das zumindest glaubten wir.

Die einzige Lösung lag darin, eine gemeinsame Bekannte, die auch gerade nach einer Wohnmöglichkeit suchte, zu fragen. „Pamela, hast du schon etwas vor über Mittag? Heute! Ich brauche nur eine Viertelstunde. Ich verspreche dir, du wirst es nicht bereuen!"

Neuanfänge

Pamela kam an dem Abend zu uns, um sich das Haus anzuschauen. Wir schmissen alle unsere Gelder zusammen, arbeiteten einen Vorschlag aus und legten ihn der Fondsgesellschaft vor. Dann ließen wir unseren Traum entsprechend aller Manifestationstechniken los. Wir mussten nach Deutschland, um dort eine Woche für Salem International, einer gemeinnützigen Organisation für Kinder, zu arbeiten. Sie sollte noch eine wichtige Rolle für uns spielen.

Wir baten alle Leute, die wir kannten, für uns zu beten oder sich zumindest vorzustellen, dass wir alle zusammen in dem Haus lebten, was im Grunde das Gleiche ist. Einer unserer Freunde aus Deutschland gab uns Hoffnung: „Ich sehe euch bereits, wie ihr in dem Haus lebt!"

Als wir nach Hause kamen, erwartete uns ein dicker Briefumschlag – ein Mietvertrag über sechs Monate! Wir weinten vor Freude. Wir zogen alle in der nächsten Woche ein, im November 2002. Obwohl wir eigentlich nur sechs Monate dort bleiben wollten, fingen wir an auszupacken. Das war auch gut so, denn wir blieben tatsächlich die nächsten neun Jahre in dem Haus!

Der Ostflügel war ein eigenwilliger Bau. Die Familie de Blair hatte ihn im 18. Jahrhundert als Trakt für die Kinder errichtet. Die kindliche, freudvolle Energie war in einigen Räumen noch deutlich spürbar. Das Herrenhaus hatte in den letzten 20 Jahren einer Familie gehört, die die großen, sperrigen Möbel einfach dort gelassen hatte, vermutlich weil sie viel zu schwer waren. Eines meiner Lieblingsstücke war eine riesige Eichentruhe. In sie war ein kunstvoll verzierter Schlüssel im Stil von Harry Potter und das Datum 1795 eingraviert.

Wenn man durch die schwere Eingangstür ins Haus trat, blickte man als Erstes auf eine Kirchenbank, oder Truhenbank, wie man es in Schottland nennt. Es gab Kleiderhaken und Schuhregale für etwa 20 Paar Schuhe; perfekt für alle unsere Freunde, die wir empfangen wollten. Der 20-Meter-lange holzgetäfelte Hausflur führte in die ursprünglichen, aus Naturstein gebauten Wohnunterkünfte. Man fühlte sich in eine längst vergangene Welt zurückversetzt.

In den ersten Jahren unseres Mietverhältnisses versuchte der antiquierte Industriekessel sein Bestes zu geben, um das Haus im Winter zu heizen. Ein nutzloses Unterfangen, da die Schiebefenster nur einfach verglast waren. Es zog wie Hechtsuppe. Im Wohnzimmer lag ein abgewetzter Teppich, in der riesigen Küche befand sich ein verrosteter, alter Speiseaufzug, das Wasser aus den Leitungen war entweder braun oder orange, der Strom wurde oft unterbrochen, das Telefon funktionierte auch nicht immer. Wir lebten unter einem undichten Dach zusammen mit einer Geisterkatze und einer Familie von ausgesprochen frechen Mäusen.

Uns gefiel es dennoch.

Bald lernten wir dicke Wollpullover, Kerzen und Wärmflaschen sehr zu schätzen. Außerdem kannten wir jede Wohltätigkeitsorganisation und jedes Auktionslokal in der näheren Umgebung und wir wussten, wie man eine warme, herzhafte Suppe aus allen Zutaten, die wir finden konnten, zubereitete. Die Mäuse kamen auch oft glücklich davon! Sie lebten in der Speisekammer, die ein Luftloch und eine Nordwand hatte. Ich hätte nicht gedacht, dass sie bei der Eiseskälte überhaupt überleben konnten.

Wenn man die Treppen in den ersten Stock hochstieg, musste man an zwei Porträts von Oberst Blair und seiner Frau vorbei. Sie sahen beide sehr streng aus, als ob sie uns kritisch beäugten. Im 20. Jahrhundert lebten sie in diesem „Flügel". Wir haben es nie übers Herz gebracht, sie abzuhängen. Wir stellten uns einfach vor, dass der Blick des Oberst mit den Jahren weicher wurde, als er sah, mit wie viel Liebe und Respekt wir sein Haus behandelten. Entweder war es das oder das Glas wurde über die Jahre blind und hätte geputzt werden müssen!

Das Wohn-Esszimmer im Herzen des Hauses gab den Blick frei auf eine geschwungene Auffahrt aus roten Kieselsteinen und eine Ansammlung von 200 Jahre alten Riesenmammutbäumen. Wir verbrachten viele gemütliche Abende vor dem offenen Kamin, spielten Karten, tranken Wein und sangen zum Gitarrenspiel von Seth. In den ersten Jahren konnten wir uns keinen Fernseher leisten, deshalb waren wir gezwungen, uns selbst zu unterhalten. Ein 1,20 Meter dicker, viereckiger Kiefernholztisch, den Seth und ich als einziges Möbelstück beim Einzug mitgebracht hatten, stand stolz in der Mitte des Raumes, umgeben von drei äußerst gemütlichen Sofas, die wir immer näher an den Kamin rückten, je später der Abend wurde.

Auf diesem Anwesen galt die Regel, dass wir uns jederzeit an dem Abfallholz bedienen durften. Somit hatten wir immer einen vollen Korb mit Holzscheiten. Wir lernten sogar, das Feuer mit einem einzigen Streichholz zu entzünden. Betty, die 85-jährige Haushälterin des Anwesens, verriet uns ihr geheimes Rezept, das aus Korken und Kerzenstummeln bestand.

Auf der anderen Seite des Korridors befand sich das Arbeitszimmer, gefüllt mit überberstenden Bücherregalen, Computern und Kabelsalat. Als Krönung hing ein kleiner Kronleuchter von der Decke. Da wir alle von zu Hause aus arbeiten wollten und nicht genügend Schreibtische zur Verfügung standen, nahm ich einen langen Mahagoni-Esstisch mit Greifer-Füßen in Beschlag und bedeckte ihn mit einem grünen Tischüberzug. Hier saß ich nun unter dem Licht einer imposanten verstellbaren Schreibtischlampe und griff in die Tasten meines Computers, umgeben von inspirierenden Fotos und Affirmationen. Meine Freunde machten Witze darüber, wie ich von meinem überdimensionalen Tisch aus die Welt lenkte. Eines Tages kam ich nach Hause und entdeckte eine große, laminierte Weltkarte, die jemand an die Wand hinter meinem Tisch gehängt hatte. Jetzt brauchte ich nur noch eine flauschige weiße Katze und einen Ohrenledersessel, um das Bild komplett zu machen!

Der angrenzende Raum war das erste von vier Schlafzimmern; ein friedlicher, hellgelber Raum mit einem Kamin und Sekretär aus Mahagoni und einem Blick über den Fluss. Im hinteren Teil des Hauses befanden sich im ersten Stock das Badezimmer und eine kleine Pantryküche mit einer originalen Doppelspüle.

Pamela gewöhnte sich bald an ihr riesengroßes Schlafzimmer mit eigenem Bad, zwei großen Kleiderschränken, dem Kingsize-Bett, einem Kamin und einer großen Kommode. Es war alles um ein vielfaches größer als die Wohnungen, die sie sich bislang angeschaut hatte. Seth und ich richteten es uns gemütlich in einem der Dachzimmer mit schrägen Wänden ein. Ich liebte es deshalb, weil es den Blick auf Pool und Garten hatte. Die Kinder zogen in ein weiteres Dachzimmer auf der anderen Seite, mit Blick auf den von Bäumen gesäumten Fluss.

Der Raum, der einem wirklich den Atem verschlug, war das Cecily-Blair-Gemach im zweiten Stock. Gekrönt von einem prachtvoll geschnitzten Himmelbett, einer eleganten Chaiselongue und einem aufwändig gestalteten offenen Kamin war dieser Raum der Inbegriff einer Hochzeitssuite. Bei der Renovierung des Haupthauses wurde dieses Gemach zum Hauptschlafzimmer erklärt. Wir konnten uns wenigstens zwei Jahre lang an seinem Anblick erfreuen und so tun, als ob es unseres sei. Ich stellte mir oft vor, wie ich hier bei einem Champagner-Empfang mein erstes Buch signieren würde.

Das ideale Leben

In dieser Zeit fühlten wir uns wie Millionäre, obwohl wir weder Geld noch irgendeine berufliche Perspektive hatten. Was auch immer wir brauchten, schien sich augenblicklich zu manifestieren. Waschmaschinen, Sofas, Kühlschränke, Fernseher, Computer und sogar Autos tauchten einfach auf, als wir sie brauchten. Wenn etwas kaputtging, war gleich jemand zur Stelle, um es zu reparieren. Alle halfen bereitwillig mit. Wenn unsere Stimmung im Keller war, brauchten wir nur vor die Tür zu treten und die Gegend zu genießen. Im Gegenzug fütterten wir alle Leute durch, die uns besuchten, hörten uns ihre Sorgen an, boten ihnen Heilbehandlungen an und halfen, wo wir konnten.

Ich wollte, dass wir in unserem Leben der Vision folgten, die ich unter Mama Buche gehabt hatte. Das Haus schien angesichts der vielen Besucher lebendig zu werden. Der Ostflügel entwickelte sich zu einem Ort, an dem die Menschen entspannen und Energie auftanken konnten. Mein Mantra ist bisher immer gewesen: „Du bist beschützt und wirst geliebt." Diesen Satz baute ich gerne in meine Reiki-Behandlungen ein. Mit der Zeit schienen die Gemäuer des Anwesens genau diese Botschaft auszustrahlen. Die Besucher wollten gar nicht mehr gehen. Das Haus war zu einem Ort der Heilung geworden, einfach nur durch Hörensagen.

Ich bin fest davon überzeugt, dass Gedanken und Gefühle meine Realität bestimmen. Ich glaube auch daran, dass man seinen Träumen einen Schritt näher rückt, wenn man sie niederschreibt oder sie sich ausmalt. Als wortgewandter Mensch kann man sich seine lang gehegten Wünsche aufschreiben oder als visueller Typ in ein Szenenbuch zeichnen. Oder man nimmt seine Vorstellungen mit der eigenen Stimme auf Band auf – und formuliert im Präsens. Diese Techniken helfen, die Energie zu verlagern. Wünsche können sich somit verwirklichen.

Anschließend müssen wir unsere Vision loslassen. Das wird oft als das Schwierigste empfunden. Wir machen den Fehler, es alles zu ernst zu nehmen. Ich würde diesen Prozess eher als Spiel betrachten und so tun, als ob ich an einem universellen Wettbewerb teilnehme, den ich unmöglich verlieren kann. Was auch immer zurückkommt, es ist in Ordnung. Ich bin überzeugt davon, dass wir immer zur richtigen Zeit am richtigen Ort sind, mit den entsprechenden Menschen und Umständen, die unserem Wachstum dienen. Wir müssen nur lernen, diesem Prozess zu vertrauen. Auch wenn es vielleicht nicht wahr ist, warum nicht so tun, als ob? Ihr Leben würde sich zweifellos zum Besseren wenden.

Ein Jahr später hatten wir uns im Blair-Flügel eingerichtet, hatten jedoch keinen blassen Schimmer, wovon wir leben und die Miete bezahlen sollten. Wir blickten jeden Tag aufs Paradies, waren aber pleite. Das letzte Jahr hatte alle unsere Ressourcen aufgebraucht und zusammen mit den beruflichen Rückschlägen waren wir an dem Punkt angelangt, wo wir uns umorganisieren und mit neuen Energien aufladen mussten.

Seth verfolgte seine Arbeit jeden Tag tapfer, um das Software-Projekt am Leben zu erhalten. Pamela und ich zogen uns in unsere Arbeitszimmer zurück und hämmerten eingehüllt in dicke Pullover mit Halbfingerhandschuhen in unsere Tasten. Kenny, ein enger Freund von uns, verkaufte seine Wohnung und zog zu uns, um uns mit den Finanzen zu helfen. Außerdem unterhielt er uns wunderbar mit seinem kernigen schottischen Humor.

Wir entschieden uns, jegliche Arbeit anzunehmen, die sich uns bot. Tagsüber tippten wir von Diktiergeräten ab, bearbeiteten

Finanzierungsvorschläge, schrieben Artikel für Zeitschriften und organisierten sogar Geschäftsessen. In den Abendstunden schmissen wir uns in eine schwarz-weiße Uniform, um nebenan im Herrenhaus die gut betuchten Gäste, die immer öfter kamen, zu empfangen und zu bedienen.

Ist es nicht interessant, wie wir das umsetzen, was wir in uns tragen? Obwohl ich eine äußerst erfolgreiche Geschäftsführerin gewesen war, die viele Teams geleitet hatte, Menschen, die älter und erfahrener waren als ich, trug ich dennoch die Vorstellung in mir, dass unser Business „erfolglos" war. Diese Einstellung beeinflusste mein Urteilsvermögen. Ich war sehr selbstkritisch und überzeugt, dass mich jede andere Arbeit, die nicht mit Abwasch zu tun hatte, überforderte. Obwohl das Anwesen, in dem wir lebten, Beweis genug war, dass Affirmationen und positive Gedanken wirkten, war ich überrascht über die vielen negativen Gedanken, die ich trotz all dem zu der Zeit in meinem Geist herumtrug.

Energie folgt der Aufmerksamkeit

Gedanken wie *„Ich habe nie genug Geld"*, *„Ich finde nie einen Job"*, *„Keiner interessiert sich für das, was ich zu sagen habe oder worüber ich schreiben will"*, *„Diese Glückssträhne wird nicht ewig dauern"* und weitere Abwandlungen zum Thema *„Ich bin nicht gut genug"* verhinderten, dass ich langfristig eine anständige, gut bezahlte Arbeit fand. Ich pflegte jedoch einen Satz, den ich täglich sagte: „Danke!" Jedes Mal, wenn ich vor die Tür ging und frische, saubere Luft einatmete oder mich gegen einen alten Baum lehnte, bedankte ich mich. Eigentlich geht es beim Beten oder bei einer Affirmation um genau das: das Gute in deinem Leben anzuerkennen und Dankbarkeit dafür zu empfinden. Es ist wahr, Energie fließt dorthin, wohin wir unsere Aufmerksamkeit lenken.

Eins hat mich tatsächlich sehr berührt. Ich beobachtete, wie gerne die Leute zu uns kamen und die Gegend genossen. Freunde besuchten uns über das Wochenende und wollten gar nicht mehr nach Hause fahren. Einige blieben tatsächlich! Egal wie gestresst sie bei uns ankamen, zum Schluss gingen sie mit neuen Perspektiven und neuer Energie.

Wir führten ein einfaches Leben, bauten eigenes, biologisches Gemüse an, kochten Suppen und Eintöpfe, um uns „einzuheizen", wie man in Schottland gerne sagt. Wir sammelten Feuerholz und waren für unsere Unterhaltung selbst zuständig. Wir kümmerten uns um das Recyceln und den Kompost selbst, teilten alles mit den anderen und hatten viel Spaß. Wir halfen, wo wir konnten und versuchten dann, unseren Widerstand gegen die angebotene Hilfe der anderen aufzugeben – keine leichte Übung für jemand, der absolute Unabhängigkeit gewohnt war.

Wir besaßen nichts, sogar das Auto gehörte uns nicht und wir mussten es wieder abgeben. Wir fühlten uns dennoch über alle Maßen reich. Ich erinnere mich an einen wunderschönen, sonnigen Sommertag (ja, tatsächlich kommen diese auch in Schottland vor), als ich mit Seth am Fluss saß und ihn fragte, wo er am liebsten leben würde, wenn er im Lotto gewänne. Als unser Blick auf das Anwesen fiel, war die Antwort klar. Wir besaßen es natürlich nicht, trugen dadurch jedoch auch nicht die Last der Verantwortung und der Kosten, um es zu erhalten. Wir bereuten nur, dass wir nicht genügend Geld hatten, um anderen Menschen helfen zu können.

Wir hatten keinen blassen Schimmer, was die Zukunft uns bringen würde: Nach zehn Jahren gemeinsamen Träumens sollten wir der Welt in einer Art helfen, die wir uns so nie vorgestellt hatten. Wir wollten zusammen mit ein paar engen Freunden eine Niederlassung einer internationalen Wohlfahrtseinrichtung gründen und durch unser Projekt Frieden und Hoffnung von unserer kleinen Ecke dieses schönen Planeten aus in die

Welt tragen. Jetzt, in der Rückschau, kann ich nur sagen: „Deine Worte und deine Visionen wirken auf kreative Weise, sei also vorsichtig, was und wie du dir etwas wünschst."

2.

Gesundheit

„Ein gesundes Äußeres beginnt im Inneren."

Robert Urich

Ich bin zutiefst überzeugt, dass ich das, was ich aussende, um ein Vielfaches zurückerhalte. Das betrifft sowohl Gedanken und Gefühle als auch Handlungen. Als ich das Universum mit Gedanken wie „ich bin nicht gut genug", „ich verdiene es nicht", „es reicht nicht aus" und Ähnlichem bombardierte, war es genau das, was zurückkam.

Die kosmische Intelligenz, von der wir alle Teil sind, spiegelt uns mit aller Treue und Zuverlässigkeit wider, was wir ihr mitteilen. Wenn Sie „ich will" sagen, ist die Antwort „so, das willst du also?" Sie hängen dann fest in dem Zustand des Wollens. Wenn Sie stattdessen bekräftigen, dass Sie das, was Sie zu brauchen meinen, bereits haben, werden Sie viel eher erkennen, dass Sie es entweder tatsächlich haben (normalerweise in etwas abgewandelter Form) oder dass Sie es anziehen.

Der Trick liegt darin, dankbar zu sein für das, was Sie bereits „besitzen", ob es nun eine harmonische Beziehung (wenn auch nur die zu Ihrem Hund), gute Gesundheit, finanzielle Fülle, eine wunderbare Arbeit oder sonst etwas ist.

Während ich damals im September 2002 Affirmationen für mein ideales Haus aufschrieb, segnete ich auch alle bisherigen Wohnungen, in denen ich gewohnt hatte. Ich übte mich auch in Dankbarkeit für die Gelegenheit, bei Becky einziehen und dort länger als erwartet wohnen zu dürfen. Dabei ist es entscheidend, Dankbarkeit zu fühlen, denn sie ist der fruchtbarste Boden im Universum.

Wenn Sie einmal genau untersuchen, was Sie in Ihrem Leben erreicht haben, werden Sie vermutlich feststellen, dass Sie es auf einer Ebene so erwartet haben. Wenn Sie schon länger damit leben, dann liegt das meistens daran, dass Sie sich entweder so wohlfühlen oder dass der Zustand Ihnen etwas sagen will.

Mich zum Beispiel beschäftigte jahrelang meine Gesundheit. Als ehrgeizige Geschäftsführerin litt ich an einem Reizdarm, in Verbindung mit völliger Erschöpfung bzw. Burn-out. Als ich nach Schottland in mein neues Leben zog, verschwanden diese Symptome auf wundersame Weise. Ich fühlte mich gesünder denn je. Mein Leben funktionierte auf allen Ebenen.

Nachdem unser Business den Bach herunterging, stürzte damit mein Selbstvertrauen ab. Meine Beziehung zu mir selbst und anderen litt und natürlich produzierte ich eine Reihe von „traurigen" Symptomen in meinem Körper. Zunächst war es *Candida albicans*, ein Pilzbefall, der das Leben von vielen Frauen sehr unangenehm macht. Dann kam eine Fehlfunktion der Schilddrüse hinzu. Das hatte zur Folge, dass sich meine Haut veränderte, mir die Haare ausfielen, ich an Gewicht zunahm und keine Kraft mehr hatte. Außerdem konnte ich nicht mehr klar denken. Ich war überzeugt, dass ich ernsthaft krank war, weil so vieles, was ich bislang in meinem Körper als selbstverständlich angenommen hatte, nicht mehr funktionierte.

Anschließend bekam ich ein dermaßen großes Gebärmutterfibrom, dass die Leute im Zug dachten, ich sei schwanger und mir ihren Platz anboten! Der Ultraschall ergab einen Tumor von der Größe eines 18 Wochen alten Fötus. Ich fühlte mich sehr unsicher mit meinem dicken Bauch. Noch schlimmer war, dass meine Periode aufgrund des Fibroms sehr stark wurde. Ich verlor viel Blut und litt folglich an Blutarmut. Am Schluss riet mir mein Arzt, keine Treppen mehr zu steigen und Haushaltsarbeiten zu meiden, da ich sonst möglicherweise einen Herzinfarkt bekommen könnte. Ich war gerade mal 35 Jahre alt.

In all diesen Fällen war es so, dass mein Körper erst zu heilen begann, als ich mich ernsthaft mit dem Problem auseinandersetzte und nach innen horchte, um an die Wurzel zu kommen. Deepak Chopra prägte den wunderbaren Satz: Jede deiner Zellen im Körper belauscht deinen inneren Dialog. Auch wenn bewusste Ernährung und die Änderung des Lebensstils durchaus helfen, glaube ich sicher, dass die Klärung und Befreiung von alten Gedankenmustern und Gefühlen, die uns nicht mehr dienlich sind, ein wesentlicher Teil des Prozesses sind. Erst dann können wir auf allen drei Ebenen heilen.

Der Körper ist eine lebendige Apotheke

Woran auch immer Ihr Körper leidet, er kann heilen. Ich glaube daran, dass unsere Seele die ursprüngliche Blaupause eines gesunden Körpers in sich trägt. Die wegweisenden Untersuchungen von Candace Pert über Neuropeptide und ihre Forschungsarbeiten zu Opiat-Rezeptoren im Gehirn zeigen, dass es für jedes Opiat einen entsprechenden Rezeptor auf der Zelloberfläche gibt. Wir können demnach chemische Wohlfühl-Substanzen produzieren. Wenn wir wissen, wie man diese Schatzgrube der Heilung anzapfen kann, können wir uns sogar ohne Medikamente heilen. Man muss nur wissen, wie ...

Gott sei Dank wird der Anbau von Heilpflanzen in unserer Kultur wieder gepflegt. Gegen jedes Leid ist ein Kraut gewachsen; das Wissen wird unter den Frauen bis heute von Generation zu Generation weitergegeben. Arzneimittel werden so hergestellt, dass sie die physiologischen Eigenschaften der Pflanzen wissenschaftlich nachahmen und können sehr effektiv wirken, wenn sie richtig eingesetzt werden. Dabei geht jedoch die holistische, energetische Qualität der gesamten Pflanze verloren; es kann zu unangenehmen, manchmal sogar gefährlichen Nebenwirkungen kommen.

Ich versuche, realistisch zu bleiben und denke, dass jede Heilkunst ihre Vorteile hat. Bei einem gebrochenen Bein würde ich keine Zeit mit Reiki verschwenden, sondern den Patienten gleich ins Krankenhaus bringen. (Es könnte jedoch eine gute Idee sein, ihn auf der Fahrt ins Krankenhaus mit Reiki zu behandeln, um ihn zu beruhigen.) Kräuter, Ernährung, Entspannungsmethoden, Bewegung, Operationen und Medikamente können alle gemeinsam dabei helfen, die Gesundheit wiederherzustellen.

Der Schlüssel liegt für mich jedoch im Inneren. Dort finde ich die eigentliche Botschaft. Das wird oft übersehen. Louise Hay hat viele Jahre an ihrem „kleinen blauen Buch“ gearbeitet und einen Katalog mit Symptomen und deren möglichen emotionalen Entsprechungen bzw. Ursachen zusammengestellt. Aus den vielen Symptomen mit ihren Ursachen hat sie drei Hauptemotionen herauskristallisiert, die den Körper ins Ungleichgewicht bringen: Angst, Wut und Schuldgefühle. In meiner eigenen Heilarbeit mit Klienten habe ich festgestellt, dass das in den meisten Fällen tatsächlich zutrifft.

Wenn Wut im Körper zurückgehalten wird, wird sie irgendwann als ein brennendes oder juckendes Gefühl „ausbrechen“; der medizinische Begriff dazu wird normalerweise durch ein Wort mit der Endung -itis ausgedrückt. Furunkel, Hautausschläge, Zysten und Fieberkrankheiten sind alles Symptome für Wut. Emotional können sie sich als Ungeduld, Gereiztheit, Frustration, Ablehnung, Verbitterung, Eifersucht oder andauerndes Nörgeln bemerkbar machen. Angst zeigt sich oft in Anspannung, Sorge, innerer Unruhe, Zweifel oder mangelndem Selbstwertgefühl. Schuldgefühle und Ablehnung „nagen“ buchstäblich an Ihrem Körper, wenn sie zur Gewohnheit werden. Sie können sich dann als Krebs niederschlagen. Frauen und besonders Mütter sind Experten darin, Rücksäcke voll mit Schuldgefühlen und schlechtem Gewissen mit sich herumzuschleppen, oft sogar unbewusst.

Es ist jetzt an der Zeit, alle diese Schuldgefühle endlich abzulegen.

Heilung von innen

Bei der Heilung geht es darum, Umstände zu erschaffen, in denen der Körper heilen kann. Unsere innere Weisheit liefert dann den Rest. Hohe Temperatur ist eine Reaktion des Körpers zur Reinigung. Auch Erbrechen oder Durchfall gehören dazu. Schmerz ist normalerweise ein Symptom für Schuldgefühle. Der Ort, an dem der Schmerz im Körper auftritt, gibt Hinweise auf die Ursache des Problems. Beispielsweise sind Kopfschmerzen ein Zeichen dafür, dass uns unser Ego bestrafen will. Schmerzen im Nacken weisen auf Themen der Flexibilität hin, Magenschmerzen haben mit der Verdauung neuer Ideen zu tun, Schmerzen im unteren Rücken zeigen, dass man sich nicht unterstützt fühlt oder dass man unter finanziellen oder partnerschaftlichen Problemen leidet.

Auf dem Weg zur Arbeit lief ich einmal hinter einer ziemlich korpulenten Frau her. Ihre Knöchel und Handgelenke waren sehr geschwollen und sie lief sehr mühsam. Ich kam gerade frisch von einem Louise-Hay-Wochen-Training und fragte mich sofort, warum sich so viel Flüssigkeit im Körper dieser Frau staute. Ich bemerkte, dass sie ein Namensschild angesteckt hatte, auf dem stand: ‚Komitee Beschwerde-Management´. Louise Hay erklärt in ihrem kleinen blauen Buch, dass Schwellungen ein Zeichen dafür sind, dass man an Kritik festhält. Kein Wunder also, dass es dieser Frau so schlecht ging! Es reizte mich sehr, auf sie zuzugehen und ihr zu raten, ihren Ärger herauszuschreien und die gesammelten Beschwerden aus ihrem Körper zu lassen. Aber ich wollte mich natürlich nicht mitten auf der Straße blamieren und mich für verrückt erklären lassen.

Auf den Körper hören

Man hört immer wieder, dass das Herz das Barometer für unsere Emotionen sei. Wir sprechen davon, dass unser Herz voll, gebrochen, offen, verschlossen, schwer, leicht und so weiter ist. Wir sprechen auch von einer „Herzattacke", als ob uns das Herz angreifen wollte. In Wahrheit hat es vielmehr aufgegeben, permanent Lebenskraft durch unseren Körper zu pumpen, nachdem wir sämtliche Freude aus unserem Leben gequetscht haben.

Diese Symptome versuchen lediglich, unsere Aufmerksamkeit zu erregen, um uns mitzuteilen, dass wir öfter entspannen, herunterschalten, nach innen gehen und nachdenken sollten. Dennoch glauben wir, wir hätten übermenschliche Kräfte. Statt eine Pause einzulegen und auf die Signale des Körpers zu hören, schmeißen wir eine Pille ein, putschen uns mit Kaffee auf und machen noch verbissener weiter.

In der Macho-Kultur, die in Europa und Amerika mittlerweile vorherrscht, arbeiten wir immer länger, in der Hoffnung, noch mehr Anerkennung, Zufriedenheit und Belohnung zu erhalten und leistungsfähiger zu werden. Frauen in den Industrieländern warten mit ihrem Nachwuchs immer länger; viele verzichten zugunsten ihrer Karriere sogar auf eine Familie. Die Familieneinheit wird so weit strapaziert, bis sie bricht, da die Eltern mehr arbeiten wollen, um sich mehr leisten zu können. Lehrer zerbrechen unter dem zunehmenden Druck, Ersatzeltern, Psychologen, Berater und sogar immer öfter Polizisten spielen zu müssen.

In unserer Kultur gilt es als Schwäche, wenn man sich eine Pause gönnt. Wir sind darauf trainiert, mehr und noch mehr in die gleiche Anzahl von Stunden zu drücken. Ich habe dazu eine gute Nachricht: Die Tage werden aber nicht länger! Je mehr Druck wir auf uns ausüben, besonders dann, wenn wir uns sowieso schon in die Ecke getrieben fühlen und uns nicht in Übereinstimmung mit unserer inneren Wahrheit und unserem Lebenssinn befinden, desto mehr leidet unsere Gesundheit darunter.

Lange können wir unseren Gesundheitszustand nicht ignorieren. Wenn wir dann zusammenbrechen, wird es vermutlich dramatisch sein, da es die einzige Möglichkeit für den Körper ist, unsere Aufmerksamkeit zu erhalten. Krankheit ist allgemein eine gesellschaftlich anerkannte Art und Weise, um NEIN sagen zu können, ohne dass es anstößig wirkt. Die wenigsten von uns wagen genug Selbstbehauptung. Wir verstecken uns lieber hinter unseren gesundheitlichen Beschwerden. Wie oft haben Sie sich bei der Arbeit krankschreiben lassen oder haben sich mit der Entschuldigung aus der Affäre gezogen, dass Sie sich nicht wohl fühlten?

Viele Krankheiten, die sich körperlich zeigen, sind im Grunde emotional oder sogar spirituell bedingt. Unsere Gesellschaft ist auf äußere Realitäten ausgerichtet und somit auch auf äußere Lösungen, deshalb ist es für uns natürlich, dass wir von jemandem oder etwas im Außen wieder „hergestellt" werden wollen. Wir gehen zum Arzt, suchen nach alternativen Therapien im Internet, lesen Bücher, die von Experten geschrieben wurden. Im Grunde kann jedoch keiner wirklich die Krankheit des andern richtig deuten. Heilung ist eine ganz persönliche Reise; ihre Bedeutung erschließt sich manchmal nur sehr langsam. Letztendlich müssen wir alle sterben. Es ist dann die Seele, die entscheidet, ob wir heil werden oder uns selbst zerstören. Dennoch haben wir die innere Kraft, um die Qualität unseres Lebens hier auf Erden zu bestimmen.

Die britische Amateurathletin Jane Tomlinson erhielt 2000 die Diagnose eines unheilbaren, metastasierenden Brustkrebses. Nach Meinung der Ärzte hatte sie nur noch sechs Monate zu leben. Trotz dieser düsteren Prognose widmete sie den Rest ihres Lebens dem Sammeln von Geld für wohltätige Zwecke. In den nächsten sieben Jahren lief sie erfolgreich den London Marathon, den Great North Run und den Ironman UK Triathlon. Außerdem fuhr sie mit dem Rad neun Wochen lang 6750 Kilometer durch die USA, um Spenden zu sammeln. In der Zeit schaffte sie es, über 1.700.000 Euro für wohltätige Zwecke zu sammeln und inspirierte Millionen von Menschen auf ihrem Weg. Sie starb in 2007 an den Folgen ihrer Krankheit, aber keiner empfand ihre Geschichte als Niederlage. Ihre Motivation, ihrer über alles geliebten Familie ein paar wunderbare Erinnerungen zu hinterlassen, war die Triebfeder, durch die sie die Diagnose um viele Jahre überlebte. Sie hinterließ ein inspirierendes Vermächtnis. Fazit ist: Wir alle sind einzigartig und können tatsächlich etwas bewirken.

Die Macht zu verletzen oder zu heilen

Einige Worte zum Arztberuf: Ich bin natürlich dankbar, dass es Ärzte, Chirurgen, Krankenschwestern und andere Heilberufe gibt. Mir ist auch klar, dass die Mehrheit aus dem Wunsch heraus diesen Beruf ergriffen hat, Menschen zu helfen und zu heilen. Was ich jedoch ausgesprochen bedauere ist, dass wir ihnen ein hohes Maß an Autorität eingeräumt haben. In unserer westlichen Gesellschaft sind Ärzte immer noch Götter in Weiß und genießen ein höheres Ansehen als Priester! Wenn uns ein Arzt ein Medikament verschreibt und wir überzeugt sind, dass es hilft, wird es aller Wahrscheinlichkeit nach auch wirken. Das gleiche gilt für Placebos, diese dragierten Tabletten ohne jeglichen Inhalt, die nur verdeutlichen, wie entscheidend der Glaube ist.

Ärzte haben eine Sorgfaltspflicht. Man spricht vom ethischen Verhalten des Arztes am Krankenbett. Die moderne Variante des Hippokratischen Eides könnte so lauten:

„Ich werde mich an die Medizin als Kunst und Wissenschaft halten und daran denken, dass Wärme, Fürsorge und Verständnis für den Patienten den Einsatz des Messers vom Chirurgen oder von Medikamenten übertreffen können."

Eine 2001 in *The Lancet* veröffentlichte Studie der Universität von York belegte, dass der Gesundheitszustand der Patienten deutlich durch positive Aussagen über die Heilungschancen der Krankheit beeinflusst wurde. Bei gleichzeitiger Unterstützung und Beruhigung der Patienten stiegen ihre Erwartungen in Bezug auf die Genesung. Das funktioniert auch umgekehrt: Wenn uns der Arzt die Diagnose „Krebs im Endstadium" verkündet und uns nur noch zwei Monate zu leben gibt, werden viele von uns aufgeben. So viel zum Thema: „Die eigene Macht abgeben"!

Jane ist Krankenschwester und Familienhebamme. Sie hatte sich schon immer ein eigenes Kind gewünscht und war überglücklich, als ihre Tochter Maria zur Welt kam. Allerdings brach es ihr das Herz, als ihre Tochter im Alter von elf Monaten die Diagnose Krebs erhielt. Jane war ausgebildet in klinischer Hypnotherapie und wusste sehr genau um die Wirkung von Worten auf das Unterbewusstsein. Sie war wild entschlossen, ihre Tochter vor jeglicher Negativität über ihren Gesundheitszustand zu schützen. Jane entschied sich für die konventionelle Behandlung einschließlich der Chemotherapie, bestand jedoch darauf, dass jeder behandelnde Arzt oder jede Krankenschwester, die mit der Tochter in Kontakt trat, nur positiv über den Krebs und die Prognose sprechen durfte, selbst wenn Maria unter Vollnarkose war.

Jane lies auch bestimmte Hypnosetechniken in ihre Gute-Nacht-Geschichten einfließen. Sie brachte Maria sogar Selbsthypnose-Techniken gegen Schmerzen bei. 15 Jahre später ist Marias Gesundheitszustand immer noch stabil.

In ihrer Ausbildung zur Hypnotherapeutin geschah noch etwas Ungewöhnliches. Bei einem Autounfall wurde ihr rechter Arm gelähmt. Sie spürte im Unterarm bis hin zu den Fingerspitzen nichts mehr. Dadurch verbrannte sie sich permanent in der Küche. Ihr Arzt hatte ihr eindeutig mitgeteilt, dass sich ihr Arm nicht mehr erholen würde, da Nerven und Gewebe zu geschädigt seien, um selbstständig zu heilen. Jedoch gab es in ihrer Hypnotherapie-Ausbildung eine Übung, die einen Trancezustand einleitete und ihren linken Arm durch Suggestion betäubte. Zum Schluss der Übung forderte der Trainer die Gruppe dazu auf, folgenden Satz zu verwenden: „Ich entferne jetzt alle vorhergehenden hypnotischen Suggestionen von deinem Arm." Wie das Glück es wollte, entfernte ihr Übungspartner alle hypnotischen Suggestionen von *beiden* Armen. Jane spürte sofort ein Kribbeln in ihrem rechten Arm. Freudentränen liefen ihr übers Gesicht. Auf wundersame Weise stellte sich in den folgenden Wochen die Empfindung in ihrem „irreparablen" Arm wieder vollständig ein!

Janes Geschichte soll uns auf beeindruckende Weise daran erinnern, wie viel Gewicht wir auf die Worte des Arztes legen und wie intensiv sie auf unser Unterbewusstsein einwirken, wenn wir gerade sehr empfänglich und verletzbar sind. Unser Leben kann sich tatsächlich in der Schwebe befinden, je nachdem, wie wir auf die Diagnosen der Ärzte reagieren. In unserer prozessfreudigen Zeit ist es kein Wunder, dass viele Ärzte aus lauter Angst davor, verklagt zu werden, aus reinem Selbstschutz ein Worstcase-Szenario anbieten.

Zurück ins Gleichgewicht

Als ich an *Candida albicans* litt, befand ich mich am Tiefpunkt meines Lebens. Mein Vertrauen in meine Beziehung zu Seth und zu einigen anderen war ziemlich erschüttert, manches zu Recht, manches zu Unrecht. Mit der eigenen Firma pleite zu gehen, noch dazu, wenn man sie mit dem eigenen Partner geführt hat, produziert zwangsläufig Schuldgefühle, ein Gefühl des Scheiterns und ein angeknackstes Selbstbewusstsein.

Eine Ernährungsumstellung hat mir definitiv geholfen. Ich wechselte zu einer komplett zuckerfreien Ernährung mit viel Rohkost und Knoblauch. Es war der Monat Januar, glücklicherweise standen kaum irgendwelche Einladungen zu Partys in meinem Terminkalender. Ich besorgte mir biologische Multivitaminpräparate in bester Qualität, die, die ich mir noch leisten konnte, und nahm täglich Probiotika. Ich trank nur noch Wasser und Kräutertee und ging überall zu Fuß hin. Abends legte ich mich früh schlafen. Nach einem Monat hatte ich über sechs Kilo verloren, leider aber auch die meisten meiner Freunde!

Ich fühlte mich absolut elend und war ein richtiger Griesgram. Wenn man dem Körper Zucker und Koffein entzieht, fällt als erstes der Serotoninspiegel. Genau hier fängt die eigentliche Entgiftung an und der Körper leitet alle alten Schlacken aus. Normalerweise leidet die Haut darunter und man fühlt sich lethargisch. Wenn man jeden Tag Kaffee gewohnt war, leidet man durch den Entzug an furchtbaren Kopfschmerzen. Es ist wichtig, Leber und Darm in dieser Phase zu unterstützen, da sie für die Ausleitung der Giftstoffe zuständig sind und sich in bester Gesundheit befinden sollten. Ich empfehle eine einmalige Darm-, Leber- und Nierenreinigung, um den Prozess einzuleiten. Wenn Ihnen Darmspülungen zu unangenehm sind, dann können auch rohe Früchte und Gemüsesäfte diese Aufgabe erledigen.

Zum Glück dauerte der Entgiftungs-Hangover nicht ewig. Gegen Ende des ersten Monats ging es mir allmählich besser und meine Symptome lösten sich langsam auf. Nach drei Monaten schmeckten mir sogar Karotten wie süßer Nektar und ich strotzte vor Energie und Gesundheit. Weil mein Körpersystem mittlerweile robust und vital war, konnte ich ohne nachteilige

Nebenwirkungen langsam wieder andere Nahrungsmittel zu mir nehmen.

Obwohl ich meinen Körper mit dieser Methode wieder hervorragend ins Gleichgewicht bringen konnte, war mir klar, dass ich mehr als nur eine Nahrungsumstellung brauchte, um symptomfrei zu werden. Es gab für mich einiges an emotionaler und geistiger Klärungsarbeit zu leisten. Der Frühling zeigte gerade seine ersten Blüten – eine sehr symbolische Zeit, um Altes auszumisten und Platz für Neues zu schaffen. Ich nahm mir deshalb jeden Tag eine Stunde Zeit, um in Kontakt mit meinem Inneren zu treten.

Jeden Abend zur gleichen Zeit, in der mein „altes" Ich genüsslich ein Glas Wein zu sich genommen hätte, zog ich mich in mein Schlafzimmer zurück, rückte die Kissen auf meinem Bett zurecht und begann meine Meditation. Mein Gott, bei den ersten Malen bekam ich nur meine gehässigen inneren Dialoge zu hören. Ich konnte es kaum glauben, wie negativ meine Selbstgespräche geworden waren! *„Er unterstützt mich nie, ich muss mich immer um alles kümmern, dieses Haus ist mir viel zu groß, um es sauber zu halten, keiner kümmert sich um mich ..."* und anderes selbstsuchtiges Geschwafel. Ich entschied mich ganz bewusst, mit diesem negativen Denken aufzuhören ... aber vergaß es prompt!

Monate später erhielt ich die Diagnose einer Schilddrüsenunterfunktion und eines Gebärmutterfibroms von der Größe einer Melone. Die Ärzte wollten a) mich für den Rest meines Lebens auf Schilddrüsenmedikamente setzen, b) die Menopause einleiten, um das Fibrom zu verkleinern, und c) eine Gebärmutterentfernung vornehmen lassen. Als ich den Ärzten mitteilte, dass ich keine der drei Methoden in Anspruch nehmen würde, sondern meinen Zustand selbst heilen wollte, erntete ich mitleidige und höhnische Blicke.

Wieder half mir die Ernährungsumstellung, ergänzt durch sehr wirksame Kräuter. Ich machte viel Sport und ließ mich massieren. Ich vermied Wasser aus Plastikflaschen, nachdem ich einige Untersuchungen zum Thema Xenoestrogen gelesen hatte. Meine innere Stimme sagte mir jedoch die ganze Zeit, dass meine Probleme mit jahrelang unterdrückter Kreativität und nicht gelebten Emotionen zusammenhingen.

Als Reiki-Praktizierende wusste ich, dass das zweite und das fünfte Chakra in Verbindung stehen. Ein Ungleichgewicht in einem Chakra beeinflusst also das andere. Das Halschakra steht für Selbstausdruck, das Sakralchakra für Kreativität. Als ich die Beschwerden bekam, hatte ich einen Bürojob in einem multinationalen Unternehmen, durch den ich kaum Zeit für mich und meine Kreativität hatte. Außerdem trug ich auch eine ganze Menge Verbitterung mit mir herum. Tief in meinem Inneren wusste ich, dass diese Unausgewogenheit, zusammen mit meinen armseligen inneren Dialogen, meiner Gesundheit sehr abträglich waren.

Zeit für einen Wandel

Es ist eine beunruhigende Tatsache, dass 30 Prozent der Frauen an fibrösen Gebärmuttergeschwülsten leiden, wobei viele sie nicht einmal bemerken. Sie sind meistens gutartig, manchmal ohne Symptome und können jahrelang unentdeckt bleiben. Sie sind derzeit auch verantwortlich für ein Drittel aller Gebärmutterentfernungen. Eine Gebärmutterentfernung ist eine größere Operation mit längerer Genesungszeit. Die Komplikationsrate liegt bei 40 bis 50 Prozent. Viele Chirurgen bevorzugen die Entfernung des Uterus, oftmals gleichzeitig mit den Eierstöcken, anstatt lediglich die Entfernung des Fibroms (die Myomektomie). Und dies, obwohl die Forschung mittlerweile nachgewiesen hat, dass sich die Entfernung von Gebärmutter und Eierstöcken langfristig negativ auf die Gesundheit der Frau auswirkt und den Alterungsprozess beschleunigen kann.

Wenn man alle 28 Tage damit konfrontiert wird, dass man zu Tode blutet und den ganzen Tag nicht laufen kann, ist es im Grunde ein verlockendes Angebot, sich der ganzen Sache zu entledigen und somit seine Ruhe zu haben. Wenn Ihre Situation jedoch nicht lebensbedrohlich ist und Sie noch Kinder bekommen wollen, rate ich unbedingt dazu, sich mit alternativen Heilmethoden auseinanderzusetzen. Auch wenn Sie sich dann schließlich doch für diese einschneidende Operation entscheiden.

Fibrome treffen die Frau genau in ihrer kreativen Mitte, in ihrer Weiblichkeit. Als Frauen neigen wir dazu, den Schmerz, den uns ein Mensch oder eine Situation zugefügt hat, tief in uns aufzunehmen und ihn zu pflegen, bis er zu viel Raum in unserer Gebärmutter und in unserem Leben einnimmt.

Denken Sie an eine Perle – sie begann als Sandkorn, das so aufgeputzt wurde, bis es kostbar wurde. So geht es auch mit Kränkungen und Beleidigungen, nur mit dem Unterschied, dass wir sie innerlich hegen und pflegen, bis sie Kostbarkeiten werden! Ich kann es nicht leugnen: Auch ich wurde zum anschaulichen Exempel für diese Theorie. Wenn Sie meine damaligen Gedankengänge nachlesen, erkennen Sie sofort, dass das stimmt.

Dr. Christiane Northrup schreibt in ihrem Buch *Frauenkörper – Frauenweisheit,* dass Fibrome Ausdruck für ungelebte Kreativität sind. Sie spricht über unbefriedigende Jobs und unerfüllte Beziehungen, über Themen wie Fortpflanzung und Mutterschaft. Louise Hay deutet Fibrome als Zeichen dafür, dass man einen „vom Partner zugefügten Schmerz in sich herumträgt". Starke Periodenblutungen stehen dafür, dass einem „die Freude aus dem Körper läuft". Fibrome sind sehr verbreitet in der afrokaribischen Gesellschaft, da sie dort für das Syndrom „Er-ist-an-allem-schuld" stehen.

Das Gefühl, entweder überfordert zu sein oder unter Druck zu stehen, ist das klassische Band, das die Fibrom-Leidenden miteinander verbindet. Es ist leicht zu erkennen, wie unsere schnell getaktete Umwelt unserer zukünftigen Multitasking-Generation weitere Probleme bereiten kann.

Einige Frauen mit Fibromen leiden an inneren Konflikten aufgrund ihrer Sexualität, mit denen sie sich bislang noch nie auseinandergesetzt haben. Ich kenne andere Frauen, die ihre Schwangerschaft abgebrochen haben, ohne dabei die dadurch entstandenen Schuldgefühle zu bearbeiten. Andere sind verbittert, weil sie ihre eigenen Träume für die des Partners aufgegeben und dafür nicht einmal Anerkennung erhalten haben. Was auch immer das Thema ist, es geht oftmals um den Ausdruck weiblicher Kreativität.

Das emotionale „Profil" einer Frau, die unter Fibromen leidet, ist das einer selbstständigen und sensiblen Frau, die es gewohnt ist, eigenverantwortlich zu handeln. Sie neigt dazu, Dinge anzustoßen, mutig und „draufgängerisch" zu sein, Eigenschaften, die klassischerweise einem Mann zugeschrieben werden. Als ich die Diagnose Fibrom erhielt, machte ein sehr guter und liebevoller Freund einen Witz daraus: „Ich frage mich, wie lange du dafür gebraucht hättest, dir selbst ein Kind zu machen!" Hmm, Wahrheit kann manchmal weh tun!

Die weibliche Kreativität ist fundamental anders als die der Männer. Um es direkt zu sagen, säen Männer ihre kreativen Samen eher aus dem Moment heraus, während bei Frauen die Ideen und Lösungsmöglichkeiten heranreifen! Natürlich haben wir alle männliche und weibliche Anteile in uns, ich hatte jedoch zu oft versucht, das männliche Verhalten nachzuahmen, um erfolgreich zu sein. Im Nachhinein muss ich feststellen, dass ich mehr davon gehabt hätte, wenn ich die Kraft meiner Eierstöcke gebraucht und mir mehr Zeit genommen hätte, eine Herzensangelegenheit zu verfolgen, anstatt gleich zum nächsten Thema überzugehen.

Die Schilddrüse hat die Form eines Schmetterlings und sitzt unterhalb des Kehlkopfes. Sie reguliert durch die Ausschüttung von Schilddrüsenhormonen den Stoffwechsel im Körper. Es kann entweder zu einer Unterfunktion (Hypothreose) oder einer Überfunktion (Hyperthreose) kommen. Ursachen für eine Störung der Schilddrüse sind bislang noch nicht ausreichend erforscht, es können Autoimmunerkrankungen sein, erbliche Vorbelastungen oder schlechte Ernährungsgewohnheiten.

Metaphysisch ausgedrückt deutet jedes Ungleichgewicht im Bereich der Kehle auf ein Thema mit dem Selbstausdruck hin. Nach Louise Hay und anderen Autoren stehen Schilddrüsenprobleme im Allgemeinen für unterdrückte Kreativität.

Für die Schulmedizin verursacht eine Fehlfunktion der Schilddrüse Chaos im homöostatischen System des Körpers, wobei anhaltender Stress dabei ein Hauptfaktor sein kann.

Cortisol ist ein Stresshormon, das in den Nebennieren als Reaktion auf Stressoren produziert wird. Es erhöht die Effizienz des Schilddrüsenhormons. Eine physiologische Menge des Cortisols, also weder zu hoch noch zu niedrig, ist für eine normale Funktion der Schilddrüse wichtig. Ein Übermaß des Stresshormons verursacht eine Erschöpfung der Schilddrüse, wobei der Spiegel der Schilddrüsenhormone normal bleibt, das Gewebe jedoch nicht mehr auf das Signal der Schilddrüse reagiert, wie es sollte. Diese Erschöpfung betrifft auch alle anderen Hormone wie Insulin, Progesteron, Östrogen, Testosteron und sogar Cortisol selbst. Das sollte entsprechend mehr Anlass zur Sorge geben.

Wenn neuer Stress die Nebennieren trifft, die durch langanhaltende Überbelastung (das klassische Burn-out) bereits erschöpft sind, können sie nicht mehr ausreichend Cortisol produzieren. Andererseits erhöht chronischer Stress den Cortisolspiegel bis zu einem Ausmaß, dass der gesamte Körper eine Resistenz von Hormonrezeptoren entwickelt. In beiden Fällen können die Schilddrüsenhormone nicht mehr richtig funktionieren, ein Ungleichgewicht entsteht.

Die Cortisolausschüttung unterliegt täglich einer natürlichen Schwankung. Am niedrigsten ist sie um zwei Uhr nachts, wenn sich der Körper regeneriert, und am höchsten morgens früh, wenn man aufsteht. Melatonin ist der Regenerator des Körpers, es ist in den Morgenstunden sehr aktiv und erneuert Gewebe und Zellen. Ist der Cortisolspiegel wegen Stress ungewöhnlich hoch, wird die Melatoninproduktion behindert, es werden weniger Wachstumshormone oder schilddrüsenstimulierende Hormone gebildet.

Demnach ist es selbstverständlich, dass eine vernünftige Lebensführung mit weniger Stress und regelmäßigem Schlaf der Gesundheit und dem hormonellen Gleichgewicht allgemein sehr gut tut.

Meine eigene gesundheitliche Situation zu verbessern, hat mir viel Geduld und Verständnis abverlangt. Ich bin schließlich nach innen gegangen und habe auf die Botschaften meines Körpers gehört. Dadurch konnte ich mich auf der körperlichen, mentalen/emotionalen und spirituellen Ebene verändern und wandeln. Mein Körper erholte sich innerhalb eines Jahres von der Funktionsstörung der Schilddrüse, ohne dass ich die von den Ärzten empfohlenen Medikamente einnahm oder deren Behandlungsvorschläge durchführte. Das Fibrom brauchte sehr viel länger und ich entschloss mich schließlich zu einem kleinen Eingriff, bei dem die Gebärmutterarterie verschlossen wurde. Ich erhielt so wieder mehr Lebensqualität. Parallel dazu arbeitete ich an den zugrunde liegenden emotionalen Ursachen. Obwohl die Operation vollständig erfolgreich war, dauerte es dennoch zwei weitere Jahre, bevor sich das Fibrom auflöste – zur Überraschung meines Chirurgen. Sogar er hatte mir ans Herz gelegt, alles loszulassen, woran ich mich noch klammerte. Wieder einmal war es erst, nachdem ich mich mit dem Kern der Sache auseinandergesetzt und mir selbst verziehen hatte, dass ich auf allen Ebenen heilen konnte.

Der menschliche Körper hat einen viel höher entwickelten Heilungsmechanismus, als wir es ihm zuschreiben. Jede Sekunde eines jeden Tages erschaffen wir uns einen neuen Körper. Mit jedem Atemzug nehmen wir Milliarden von Atomen in uns auf, die sich dann mit unseren Zellen und unserem Gewebe verbinden. Während wir ausatmen, tauschen wir Atome mit allen anderen Menschen aus! Ist das nicht eine wunderbare kleine Erinnerung daran, dass wir alle miteinander verbunden sind?

Wir produzieren alle fünf Tage eine neue Magenschleimhaut, jeden Monat eine neue Haut, alle sechs Wochen neue Leberzellen und alle drei Monate neues Knochengewebe. Innerhalb von nur einem Jahr haben wir 98 Prozent aller Atome in unserem Körper erneuert!

Wer sagt also, dass wir uns nicht neu erfinden können? Meiner Erfahrung nach können wir es sehr wohl, wenn wir bereit sind, nach Antworten in uns selbst anstatt im Außen zu suchen und die Art, wie wir mit uns selbst und über uns reden, verändern. In den folgenden Kapiteln zeige ich Ihnen, wie das geht ...

3.

Zum Wesentlichen kommen

„Wer nach außen schaut, träumt;
wer nach innen schaut, erwacht."

Carl Jung

Wenn wir uns mit der Kraft verbinden, die uns erschaffen hat, sind wir unendlich kreative und mächtige Wesen. Nur haben wir uns von dieser Quelle getrennt, dieser sanften, inneren Stimme, und haben unseren inneren Kompass vergessen. Wir müssen uns wieder auf das Wesentliche besinnen, um zu erkennen, was für uns richtig ist und sollten daran denken, dass wir spirituelle Wesen sind, die hier auf Erden eine menschliche Erfahrung durchleben und nicht umgekehrt.

Der Geist meint, er müsse Lösungen für eingebildete Probleme produzieren; seine wahre Aufgabe liegt jedoch darin, sich auf das Empfangen des Göttlichen einzustellen und dementsprechend zu handeln. Wenn wir endlich erkennen würden, dass jeder unserer Gedanken unsere Wirklichkeit gestaltet und dass jeder Gedanke, den wir bislang gedacht haben, uns unsere bisherigen Erfahrungen beschert hat, wären wir sicherlich motiviert, die Zügel unseres Geistes, dieses wunderbaren Instrumentes, in die Hand zu nehmen und mithilfe unserer Fantasie das Leben unserer Träume zu erschaffen.

Nehmen Sie sich ein paar Minuten Zeit und schauen sich im Raum um. Alles nahm seinen Anfang im Geist eines Menschen durch seinen Gedanken. Ich hatte letztens ein Erlebnis, das man gemeinhin als außerkörperliche Erfahrung bezeichnet. Es war umso bizarrer, weil ich zu dem Zeitpunkt gerade etwas völlig Alltägliches tat. Ich hatte mir gerade im Badezimmer die Hände gewaschen und wollte das Handtuch von der Stange greifen, als ich bemerkte, dass ich durch das Handtuch hindurch direkt zur Stange sehen konnte! Als ich mich im Badezimmer umschaute, entdeckte ich, dass für mich alles transparent war – als ob für Bruchteile von Sekunden alle Objekte einfach nur Gedankenformen waren, sozusagen Blaupausen. Interessanterweise verfiel ich nicht in Panik, sondern spürte ein Gefühl der Erleichterung! Ich erkannte plötzlich, dass wir alles selbst erschaffen können, wenn wir nur daran glauben. Alles, was wir uns vorstellen, existiert bereits in der spirituellen Dimension. Unsere Aufgabe liegt darin, es in die physische Welt zu bringen.

Wie schaffen wir das?

Wir erreichen es, indem wir still werden, unseren Geist beruhigen und uns mit der Stille im Inneren verbinden. In meiner Beratungsstunde mache ich mit meinen Klienten gemeinsam eine innere Reise, eine geführte Fantasiereise, wodurch wir in Kontakt mit unserer eigenen Weisheit kommen. Das möchte ich Ihnen im nächsten Abschnitt beschreiben.

Kreatives visualisieren

Als erstes richten Sie Ihre Aufmerksamkeit auf den Scheitelpunkt am Kopf, das Kronenchakra, und spüren, wie sich Ihre Gedanken lichten. In der fernöstlichen Tradition ist dieser energetische Punkt derjenige, der uns Zugang zu unserer höchsten Weisheit verschafft. Wenn Ihnen negative Gedanken durch den Kopf schwirren, dann ersetzen Sie diese mit angenehmen, zum Beispiel mit: „Ich bin Liebe.“ Dann bitten Sie innerlich um Kontakt zum höheren Selbst.

Als nächstes lenken Sie Ihre Aufmerksamkeit auf Ihr Herzchakra in der Mitte der Brust am Brustbein und spüren Sie, wie es sich wie eine Blume öffnet. Stellen Sie sich vor, wie Sie auf einem Thron in der Mitte Ihres Herzens sitzen und Licht zu diesem inneren Selbst senden. Wenn Sie Ihr Herz mit genug Liebe aufgetankt haben und es sich voll anfühlt, lassen Sie diese Liebesenergie zwischen Herz- und Kronenchakra hin und her fließen. So nähren Sie diese höhere Kraft.

Lösen Sie sich von dem Wunsch, den Prozess oder das Ergebnis zu kontrollieren. Überlassen Sie das dem Universum. Es gehört nicht zu Ihren Aufgaben, über das Wie und Wann nachzudenken!

Fokussieren Sie sich nun darauf, was Sie ins Leben rufen möchten. Verwenden Sie dazu nur positive Bilder. Säen Sie nur den perfekten Samen in Ihr Herz und sehen Sie ihn klar vor Augen. Statt darum zu bitten, geheilt zu werden, stellen Sie sich besser vor, wie Sie vor Gesundheit strahlen. Anstatt darum zu bitten, aus der Armut zu kommen, stellen Sie sich vor, wie sich die Fülle in Ihrem Leben manifestiert.

Verschwenden Sie keinen einzigen Gedanken an Situationen oder Gewohnheiten, die Sie ablegen wollen. Sie sind ihnen entwachsen, wie alten Kleidern, die Sie nicht mehr brauchen. Stellen Sie sich das, was Ihnen fehlt, als Form oder Gefäß dar, das aufgefüllt werden muss. Dann stellen Sie sich vor, wie es mit einer magischen Substanz gefüllt wird, beispielsweise mit glitzernd goldenem Licht. Sagen Sie sich: „Möge ... sein", und fügen Ihren Idealzustand ein. Sagen Sie anschließend: „Es ist vollbracht und es ist gut", oder einfach „Danke".

Der Trick liegt darin, tief innen zu wissen, dass Sie das, wonach Sie gebeten haben, bereits besitzen. Und dann lassen Sie das Bedürfnis danach einfach los. Ich kann mir vorstellen, dass es sich für Sie anfangs wie eine dicke Lüge anhört und es Ihnen vielleicht schwer fällt, sich etwas Positives vorzustellen, wenn Sie mit dem Rücken zur Wand stehen. Die Wahrheit ist jedoch, je klarer Sie sich als vollkommen gesund, reich, glücklich verliebt usw. sehen und fühlen, desto schneller kann sich dieser Zustand in Ihrem Leben manifestieren. Das Universum kann Ihnen nur das liefern, was Sie auch erwarten und empfangen wollen. Wenn Ihre detaillierte Wunschvorstellung noch einige Lücken aufweist, dann füllen Sie diese mit Gedanken auf, die Ihnen guttun.

Ich finde Abhängigkeit von etwas oder jemandem überhaupt nicht erstrebenswert. Ihre innere Weisheit bietet Ihnen bereits alle Ressourcen, die Sie benötigen. Meine Klienten brauchen in der Regel nur zwei bis drei Sitzungen bei mir, um mit dieser

Technik vertraut zu werden. Ich ermutige sie dazu, zu Hause zu üben. Anfangs ist es hilfreich, sich jeden Morgen direkt nach dem Aufwachen und abends vor dem Schlafengehen eine Viertelstunde Zeit dafür zu nehmen. Sie können dabei sitzen oder liegen. Wenn Sie jeden Tag üben, werden Sie die Technik auch in Ihrem Alltag anwenden können.

Möglicherweise manifestiert sich das, wonach Sie gebeten haben, sofort - oder es braucht etwas Zeit. Das hängt davon ab, inwieweit Sie das Gefühl haben, dass Sie es verdienen. Wenn es sich nicht direkt manifestiert, dann bitten Sie nicht gleich wieder darum. Bedanken Sie sich und vertrauen Sie darauf, dass es zum richtigen Zeitpunkt geschehen wird. Das Universum kümmert sich um die Details.

Doch seien Sie vorsichtig: Wenn Ihre Gedanken destruktiv sind, kommen auch diese zu Ihnen zurück. Energie, die ausgesendet wird, muss zurückkommen, und meistens in doppelter Dosis. Wenn Ihre Gedanken zum Wohle aller gedacht sind, wird die zurückkehrende Energie ebenso wohltuend sein.

Visualisieren Sie Ihren Erfolg

Viele erfolgreiche Sportler, Schauspieler, Geschäftsleute und Ärzte setzen jahrelang kreative Visualisierungsmethoden und geistige Übungen ein. Schauspieler und Geschäftsleute nutzen diese Techniken, um sich auf ihre Rolle oder ihren Auftritt vorzubereiten, Sportler wollen Höchstleistungen in ihrer Disziplin erreichen und denken an ihre vorherigen Siege, um ein wirksames Bild des Erfolgs im Kopf zu haben.

Jack Nicklaus, Tiger Woods und Michael Jordan sind Sportler, die mit Visualisierungstechniken arbeiten. Von Muhammad Ali, dem dreifachen Boxweltmeister im Schwergewicht, stammt der Satz:

„Es ist nicht die Turnhalle, die einen zum Champion macht, sondern das, was man tief in seinem Inneren trägt – ein Traum, eine Vision, eine Leidenschaft."

Als Kind lernte Tiger Woods von seinem Vater, sich genau vorzustellen, wohin der Golfball gehen sollte; Arnold Schwarzenegger nutzte seine Vorstellungskraft, um fünf Mal Mister Universum und sechs Mal Mr. Olympia zu werden, außerdem legte er eine erfolgreiche Schauspielkarriere hin und wurde erfolgreicher Geschäftsmann und Gouverneur von Kalifornien. Als Kind stellte er sich immer vor, wie er alles bekam, was er sich je gewünscht hatte, und zweifelte keinen Augenblick lang daran. Das Wichtigste dabei war, dass er sich immer bereits im Vorfeld vorstellte, wie er sich fühlen würde, wenn sich sein Traum erfüllte.

Wenn Sie der Meinung sind, Sie könnten nicht visualisieren, dann nehmen Sie sich einen Moment Zeit für diese kleine Übung: Schließen Sie die Augen und stellen sich Ihre Eingangstür vor. Welche Farbe hat sie? Wo befindet sich die Klingel? Wenn Sie sich so etwas Simples vorstellen können, werden Sie sicherlich keine Schwierigkeiten dabei haben, sich Ihr ideales Leben vorzustellen! Fangen Sie an zu üben; Sie werden sich in bester Gesellschaft befinden – Alexander Graham Bell, Isaac Newton, Albert Einstein, Ludwig van Beethoven und Martin Luther King jr. haben ihre Erfolge alle vorher visualisiert.

Aus der Forschung wissen wir, dass Visualisierung das körperliche Training und die Kreativität sehr unterstützen kann, weil das Gehirn nicht genau zwischen realem und lediglich vorgestelltem Erlebnis unterscheidet. Der Trick liegt darin, alle Sinne zu aktivieren, d.h. Ihren Traum zu sehen, zu empfinden, zu schmecken, zu riechen und zu fühlen. Dementsprechend wird Ihr Gehirn Nervenbahnen mit bereichernden, positiven Erfahrungen entwickeln, wenn Sie immer wieder an bereichernde, positive Erlebnisse denken. Sie werden allmählich daran glauben, dass sie sich bereits ereignet haben.

In den 1960er-Jahren führte Prof. L.V. Clark von der Wayne State University ein interessantes Experiment durch. Er untersuchte zwei Wochen lang zwei Gruppen von Basketballspielern. Eine Gruppe übte jeden Morgen beim Spielen freie Würfe, während die zweite Gruppe sich das Werfen des Balles lediglich vorstellte, ohne es körperlich umzusetzen. Nach zwei Wochen hatten beide Gruppen ihre Wurftechnik um ein Vielfaches verbessert. Das beweist, wie wirksam die Vorstellungskraft sein kann.

Welches Ergebnis wünschen Sie sich?

Wie auch immer das gewünschte Ergebnis, der Visualisationsprozess scheint immer derselbe zu sein.

1. SCHRITT: FORMULIEREN SIE IHRE ABSICHT UND SCHREIBEN SIE SIE NIEDER

Nachdem Sie sich entschieden haben, auf welchen Bereich Ihres Lebens Sie sich konzentrieren wollen – ob Arbeit, Freizeit, Gesundheit, Beziehungen, Familie, Geld usw. –, schreiben Sie es auf. Nicht zu ausführlich, einfach nur Stichworte. Das ist ein wichtiges Detail beim Visualisieren und wird oft vergessen. Es hilft nicht nur dabei, Ihren Geist zu fokussieren, sondern dient auch als Gedächtnisstütze, falls Sie gedanklich abschweifen. Wichtig ist es aufzuschreiben, wie Sie sich beim Erreichen Ihrer Träume fühlen werden.

2. SCHRITT: ENTSPANNEN SIE

Körper und Geist sind am aufnahmefähigsten, wenn sie vollkommen entspannt sind. Wenn Sie Ihr Ziel klar vor Augen haben, legen Sie das Schreibzeug weg und schließen Sie die Augen. Konzentrieren Sie sich auf eine ruhige Atmung oder hören Sie binaurale Beats, damit sich Sinne und Geist beruhigen.

3. SCHRITT: BEGINNEN SIE ZU VISUALISIEREN

Öffnen Sie Ihre Augen und lesen sich Ihre Notizen nochmals durch. Jetzt sind Sie so weit, Ihre Träume in die Tat umzusetzen. Schließen Sie die Augen und sehen sich klar in Ihrer Vision. Wo sind Sie? Wer ist noch bei Ihnen? Gehen Sie ins Detail und nehmen Sie wahr, wie Sie sich im Traum anders verhalten. Wenn kritische Gedanken auftauchen, bedanken Sie sich bei ihnen und schicken Sie sie weg. Machen Sie sich keine Sorgen, wenn der Traum noch weit von Ihrer derzeitigen Wirklichkeit entfernt ist. Wir säen zunächst einen Samen, der mit der Zeit und Übung wachsen wird.

4. SCHRITT: BRINGEN SIE IHRE VISION INS LEBEN

Aktivieren Sie jetzt alle Ihre Sinne. Was hören, sehen, empfinden, schmecken und fühlen Sie? Wie riecht der Erfolg? Intensivieren Sie alle sinnlichen Empfindungen, bis Sie das Gefühl haben, dass sich Ihr Traum bereits verwirklicht hat. Diese Erfolgsvorstellung können Sie wie einen Schnappschuss mit sich herumtragen.

5. SCHRITT: STELLEN SIE SICH EINE BELOHNUNG VOR

Denken Sie daran, sich auch zu belohnen! Sehen Sie sich, wie Sie mit Freunden und Ihrer Familie feiern, lachen und fröhlich sind. Lachen Sie dabei laut, wenn Sie möchten. Das wird das Gefühl verankern und einen zusätzlichen Ansporn geben, das Ziel wirklich zu erreichen.

Fünf bis zehn Minuten täglich reichen, damit sich diese Realität manifestiert, wenn Sie den Prozess ein- bis zweimal durchgehen. Stellen Sie sich vor, wie Sie Hindernisse und Ablenkungen mit Leichtigkeit überwinden. Wenn es Ihnen hilft, stellen Sie sich geistig einfach Ihren Erfolgsfilm auf einer Leinwand vor. Sie werden bald entdecken, was bei Ihnen am besten funktioniert.

6. SCHRITT: FÜHREN SIE EIN DANKBARKEITS-TAGEBUCH

Dies ist ein weiteres nützliches Werkzeug, um Ihre Träume zu verwirklichen. Dankbarkeit ist ein fruchtbarer Boden, auf dem Sie die Samen Ihrer Träume säen und regelrecht zuschauen können, wie sie gedeihen. Auch wenn sich Ihr Leben gerade eher wie ein Blues anhört und Ihre Gesundheit etwas angeschlagen ist, Sie Arbeit und Partner verloren haben oder Sie mit anderen Krisen eines abwechslungsreichen Lebens konfrontiert sind, möchte ich Sie auffordern, sich darauf zu konzentrieren, wofür Sie gerade Dankbarkeit empfinden können.

Besorgen Sie sich das teuerste Tagebuch, dass Sie sich leisten können und einen Kugelschreiber, mit dem Sie sehr gerne schreiben. Verpflichten Sie sich dazu, jeden Abend sechs Dinge aufzuschreiben. Schreiben Sie das auf, was Ihr Herz berührt hat – ein schönes Lächeln im Bus, ein von Ihren Kindern gemaltes Bild, eine aufregende neue Arbeit, einen Spaziergang am Meer, ein warmes Zuhause. Versuchen Sie, jeden Tag etwas Neues zu entdecken, wofür Sie dankbar sind. Am Ende des Monats werden Sie eine ganze Reihe von guten Gefühlen empfinden. Ich garantiere Ihnen, dass Sie selbst aktiv nach Dingen Ausschau halten werden, die Sie angenehm berühren! Denn dann haben Sie wieder einen Punkt mehr für Ihr Tagebuch! Außerdem erschaffen Sie weitere Gründe dafür, dass Sie vom Universum belohnt werden, da Ihre Gedanken wie ein Magnet wirken. Das, was wir wertschätzen, wächst!

Entwickeln Sie verschiedene Blickwinkel

Meine gute Freundin Joey Walters wendet in ihren Seminaren für weibliche Führungskräfte eine weitere, sehr wirksame Technik an. Diese Technik stammt aus dem NLP (Neurolinguistisches Programmieren) und basiert auf der Philosophie von Walt Disney, dem begnadeten Trickfilmautor und Geschäftsmann, der zu seinen Produktionsterminen jedes Mal in einer anderen Persona auftauchte. Er wechselte absichtlich zwischen dem Träumer, dem Kritiker und dem Realisten und überraschte sein Team mit seiner Wandelbarkeit. Er ermutigte sie, das Gleiche zu tun. Er schätzte die Betrachtungsweise eines jeden Individuums und bezog sie in den schwierigen Schaffensprozess mit ein.

Joey verwendet diese Technik im Zusammenhang mit räumlichem Verankern. Dabei werden die drei Zustände auf einzelne Blätter geschrieben. Die Teilnehmer werden gebeten, sich direkt auf ein Blatt Papier zu stellen, auf dem ein besonderer Zustand steht und in Kontakt mit den dazu aufsteigenden Gefühlen zu treten. Während Empfindungen hochkommen, sollen sich die Teilnehmer zwischen den verschiedenen Blättern und Zuständen bewegen und ihre jeweiligen Erlebnisse ausdrücken. Es gibt auch eine Meta-Position, auf die man sich stellen kann, um einen Gesamtüberblick über den Prozess zu erhalten. Es hilft dabei, einen Coach an seiner Seite zu haben, der einem weiterhilft, wenn man einmal steckenbleibt. Diese Technik ist ausgesprochen wirksam, um Kontakt zu der eigenen inneren Weisheit zu erlangen und Ängste, Zweifel und einschränkende Glaubenssätze zu entlarven.

Die Fantasie einsetzen

Unser Vorstellungsvermögen ist ein sehr effektives Werkzeug, das wir uns zunutze machen können. Wir vergessen es nur allzu gern. Rollenspiele und So-tun-als-ob-Spiele gehören eher in die Welt der Kinder. Als Erwachsener hören Sie vielmehr auf Ihr Herz. Dieses Werkzeug des Rollenspiels aus unserem Erwachsenenleben zu verbannen bedeutet, eine wertvolle Fähigkeit zu verlieren.

Wenn die Fantasie eines Kindes nicht durch mentale Bilder, Märchenerzählungen und Spiel angeregt wird, reduziert das

Gehirn während des Myelinisationsprozesses die neuronalen Kreisläufe, die nicht benutzt werden. Das hat zur Folge, dass das Vorstellungsvermögen eingeschränkt wird. Kinder einfach vor den Fernseher abzuschieben hilft keineswegs, da er ihnen die ganze Arbeit abnimmt; ihre Fantasie bleibt ungenutzt.

Unser Gehirn ist wie ein Computer verschaltet. Die Nervenbahnen verarbeiten die Informationen durch elektrochemische Vorgänge. Jede Nervenzelle ist wie ein lebendiges Wesen, das seine winzig kleinen Ärmchen und Beinchen (Axone und Dendriten) ausstreckt, die gleichzeitig mit zigtausend anderen Nervenzellen interagieren. Sie reden andauernd miteinander und tauschen ihre Verbindungen gegenseitig aus.

Diese Eigenschaft der „Neuroplastizität" ermöglicht es uns, neue Fähigkeiten zu erlernen und schlechte Gewohnheiten zu ändern. Wir müssen sie nur benutzen, um sie zu stärken. Die Nervenschaltkreise, die am häufigsten genutzt werden, werden am besten ausgebaut, während die, die brachliegen, unsere Gefühle, Gedanken und unser Verhalten nicht mehr in dem Maße beeinflussen können. Wenn wir die richtigen Worte wählen, können wir damit die zerstörerischen Gefühle und Gedanken reduzieren. Somit optimieren wir unser Gehirn und setzen es effizienter ein. Der Verlust der Fantasie kann sich jedoch sehr nachteilig auswirken.

Wenn das logische Zentrum in der vorderen Hirnrinde wiederholt mit aggressiven, wütenden Worten gefüttert wird, verschließt es sich. Mit der Zeit kann wiederholt erlebte Feindseligkeit die Lernfähigkeit des Kindes schädigen und es anfällig machen für ängstliche, deprimierende Gedanken. Wenn Sprache gewalttätig ist, kann sie Schäden in den neurochemischen Substanzen, die uns vor Stress schützen, anrichten. Das wirkt sich nicht nur auf unsere Stimmungen aus, sondern auch auf unser gesamtes Körpersystem.

Jede Zelle in unserem Organismus hat ein Gedächtnis, wie Menschen mit Organtransplantationen bezeugen können. In ihren Memoiren „Herzensfremd" erzählt Claire Sylvia eine faszinierende Geschichte, die keinen Zweifel mehr daran lässt, dass sich unsere Erlebnisse in unserem Körper festsetzen. 1988 erhielt Claire ein Herz-Lunge-Transplantat von einem achtzehnjährigen Mann, der bei einem Motorradunfall ums Leben gekommen war. Als ehemalige Tänzerin hatte Claire ein gesundes Leben geführt und war körperlich fit. Umso größer war ihre Überraschung, als sie sich nach der Transplantation plötzlich nach Bier und gebratenen Hähnchen sehnte, die Lieblingsspeise ihres Spenders!

Es gibt sehr viel mehr Hinweise auf ein Zellgedächtnis bei Organverpflanzungen. Eine Studie von Dr. Paul Pearsall[1] berichtet von Organempfängern, die ihre sexuelle Ausrichtung änderten oder plötzlich Instrumente spielen konnten und Gewohnheiten und Talente der Spender übernommen hatten. In einigen Fällen erlebten sie sogar erneut die Unfälle, in denen die Spender ums Leben kamen.

In einer jüngsten Studie, geleitet von Herbert Benson vom Massachusetts General Hospital, lernten die Probanden eine Tiefenentspannungsmethode, indem sie die Zwerchfellatmung anwendeten und ihren Körper innerlich auf Verspannungen abtasteten. Sobald sie einen verspannten Bereich gefunden hatten, sollten sie ein einzelnes Wort oder einen Satz aufsagen, der ihnen Frieden oder ein Wohlgefühl suggerierte. Nach acht Wochen Übung hatten die Probanden bis zu 1561 ihrer nützlichen Gene stärker aktiviert und ihr Stressniveau deutlich reduziert.

Wenn wir uns dazu verpflichten, unsere negativen Gedankenprozesse zu unterbrechen und aktiv positive Worte zu verwen-

1 nach *Nexus Magazine*, Vol. 12, Nr. 3 (April-Mai 2005) von Paul Pearsall PhD, Gary E. Schwartz PhD, Linda G. Russek PhD

den, sowohl geistig als auch im Gespräch mit anderen, dann kommen wir stärker ins Gleichgewicht und bringen ein wenig mehr Frieden in die Welt. Es reicht nicht allein, nur positiv zu denken, wir müssen unsere negativen Gedanken auch infrage stellen und prüfen, ob sie ein Körnchen Wahrheit enthalten oder ob sie unsere Zufriedenheit sabotieren.

Wenn ich mir die bedrückten Gesichter im Zug anschaue oder im Radio die Litanei von Katastrophenmeldungen anhöre, werde ich sehr traurig. Die meiste Zeit denken wir anscheinend gar nicht mehr an das Wunder unseres Lebens. Allein die Tatsache, dass ein Spermium den Weg zur Eizelle geschafft hat, ist bereits ein Wunder.... bei den Gewinnchancen während der Zeugung! Ist Wunder tatsächlich das richtige Wort? Kleine Wunder können bereits alltäglich werden, wenn wir die richtige Einstellung dazu haben. Wir müssen einfach nur offen dafür sein, dass sie sich in unserem Leben zeigen. Den Rest überlassen wir dann unserer Fantasie.

Die Himmelspforte durchschreiten können wir bereits mit Hilfe unseres Bewusstseins, wir müssen nicht erst warten, bis wir tot sind. Wir können jederzeit hindurchtreten. Wir scheinen manchmal zu vergessen, dass wir die einzigen Denker in unserem Geist sind und geben unsere Macht ab, wenn wir die Antworten im Außen suchen. Wenn wir uns alle dazu entschließen würden, ab heute nicht mehr an Kampf und Leid in der Welt zu glauben und stattdessen unseren Geist, unsere Gedanken, Worte und Taten auf Liebe, Vertrauen und Wahrheit auszurichten, würde das unsere Welt über Nacht transformieren.

Ich habe mich im Laufe der Jahre mit verschiedenen Religionen beschäftigt und stoße mich immer wieder an den Glaubenssätzen und dem Absolutheitsanspruch. Anstatt mich in heißen Diskussionen darüber zu verlieren, welche Religion nun recht hat, ziehe ich es vor, in die Natur zu gehen und „Es" aus erster Hand zu erleben. Man kann „Es" Gott nennen, oder Erleuchtung oder Nirwana, was auch immer – für mich ist es einfach die Essenz reiner Liebe. Sie ist für jeden gleich zugänglich. Meine Stieftochter hat mir einmal unmissverständlich klar gemacht, dass sie nicht an Gott glaubt. Ich gab zur Antwort: „Das heißt jedoch nicht, dass Gott nicht an dich glaubt. Glaubst du an die Liebe?“

„Na ja, eigentlich schon“, sagte sie.

„Für mich ist es dasselbe.“

Wenn Sie etwas mit der Vorstellung anfangen können, dass wir spirituelle Wesen sind, die eine menschliche Erfahrung durchmachen, dann möchte ich Sie bitten, einen Schritt weiter zu gehen und sich vorzustellen, dass unsere Seele unabhängig von unserem Körper existiert. Sie ist nicht in unserer sterblichen Hülle eingeschlossen, um auf unseren Tod zu warten, sondern umgibt uns die ganze Zeit. Wenn Gedanken Materie magnetisieren, dann sind wir möglicherweise mehr in der Lage, unseren Körper und unsere Erlebnisse zu beeinflussen, als wir es uns vorstellen können. Warum auch nicht? Es ist genauso plausibel wie alle anderen Varianten der Wirklichkeit, an die wir glauben. Das würde bedeuten, dass wir tatsächlich alle aus dem gleichen göttlichen Stoff gemacht sind. Anstatt sechs Milliarden einzelner Seelen gäbe es nur eine einzige Seele, allerdings in sechs Milliarden verschiedenen Geschmacksrichtungen!

4.

Das Werkzeug zur Transformation

„Nichts ist wirklich unmöglich, allein das Wort enthält schon die Silben *möglich*!"

Audrey Hepburn

„Im Anfang war das Wort, und das Wort war bei Gott und das Wort war Gott."

Neues Testament, Joh 1,1

„Wann immer du ein Versprechen gibst, sag die Wahrheit."

Koran, Sure Al-Anam 6,152

„Worte haben sowohl die Macht zu heilen als auch zu zerstören. Wenn Worte sowohl wahr als auch gütig sind, können sie unsere Welt verändern."

Buddhistische Weisheit

Ich liebe Worte. Das sagen auch alle, die mich kennen. Einige würden sogar sagen, ich spreche nur noch in Schlagwörtern. Schreck, Horror! Wohlklingend, Umarmung, Cliffhanger, Massentourist ... ist das nicht wunderbar inspirierend? Als ich nach Schottland zog, erweiterte sich mein Vokabular um neue schottische Ausdrücke wie „Örtchen", „quasseln" und „Donnerwetter".

Die Macht der Worte, die Werte und Gefühle vermitteln, Geschichten erzählen und uns mit Menschen und Erfahrungen verbinden, finde ich faszinierend. Ich hatte in meinem Beruf viel mit Worten zu tun. Als Vertriebsleiterin für eine regionale Zeitung in meinen Endzwanzigern gehörte es zu meinen redaktionellen Aufgaben, Schlagzeilen für den jeweiligen Tag zu finden. Wir trafen uns als erstes jeden Morgen und dann nachmittags, um die Geschichten je nach Verkaufsbedeutung einzustufen. Die Schlagzeilen mussten dann auf nicht mehr als fünf griffige, plakative Worte gekürzt werden. Anschließend wurden sie auf ein großes Plakat gedruckt, um sie draußen vor den Verkaufsstellen zu platzieren.

Es wird permanent untersucht, wie sich Geschichten am besten verkaufen lassen; Schlagzeilen werden so formuliert, dass sie ein Maximum an Wirkung erzielen mit einem Minimum an Worten. Fnords sind Worte, die Gefühle der Angst oder Besorgnis hervorrufen, beispielsweise Worte wie Horror, Drama, Angriff, Schock und Explosion. Sie gelten als die wichtigsten Anreize, wenn es darum geht, gute Geschichten und Informationen zu verkaufen.

Aus der Forschung zu Hirnscans ist bekannt, dass es zwei Arten von Nachrichten gibt, die das Gehirn in positive oder negative Erwartung versetzen: bedrohliche oder übertrieben vielversprechende Nachrichten. Leider wirken sanftere, abstrakte Worte nicht so tiefgreifend, es sei denn, sie sprechen den „trägen Teil" unseres Gehirns an. Das ist das Vergnügungszentrum des Gehirns, das gerne Abkürzungen nimmt und sofortige Erfüllung ohne viel Arbeit erreichen will. Haben Sie sich jemals einen Lotterieschein gekauft, sich auf irgendeine Werbung, die das schnelle Glück verspricht, eingelassen oder eine Diät ausprobiert, die Ihnen die Figur eines Supermodels versprach, ohne dass Sie auf Wein oder Schokolade verzichten mussten? Dann haben Sie Bekanntschaft mit Ihrem trägen Gehirn gemacht!

Marketingleute sind hervorragend darin geübt, bei uns die entsprechenden Knöpfe zu drücken und genau die Worte, Bilder und magischen Zahlen zu finden, die in uns diese neurologischen Impulse auslösen. Denken Sie an die Explosion (hat das Wort Ihr Gehirn gerade wieder in Alarmzustand versetzt?) von Techniken mit zwölf, sieben oder drei Schritten, die in letzter Zeit in Büchern, Blogs und sozialen Netzwerken sehr populär geworden sind. Sie brauchen nur zehn Minuten im Internet zu verbringen, um Tipps zu erhalten von „Wie nehme ich fünf Kilo Bauchfett ab" bis hin zu „Wie verdiene ich ein Vermögen von zu Hause aus". Beim Browsen werden Ihnen sämtliche Alarmglocken im Gehirn angehen!

Gestalten Sie Ihre Realität

In meiner Ausbildung zur Werbetexterin lernte ich, über die wahren Werte eines Menschen in einer Art zu schreiben, mit der ich die tiefsten Gefühle des Lesers erreichte. Dieses Wissen könnte zu manipulativen Zwecken missbraucht werden, wenn es in die falschen Hände gerät. In guter Absicht verwendet, kann es jedoch Wundersames bewirken.

Man braucht nur zu betrachten, wie Worte politisch eingesetzt werden, um die Welt entweder zu trennen oder zu verbinden. Im folgenden Telegramm an General Alexander übermittelte Sir Winston Churchill 1942 in lediglich 35 Worten den Befehl zu einem militärischen Feldzug:

„Ihre erste und vornehmste Pflicht wird es sein, die deutsch-italienische Armee unter Generalfeldmarschall Rommel bei der ersten Gelegenheit zu besiegen oder zu zerstören, zusammen mit dem gesamten Nachschub und allen Truppenlagern in Ägypten und Libyen."

1963 erreichte Martin Luther King (auch ohne die Vorteile des Internets) 250.000 Menschen mit seiner berühmten „I have a dream"-Rede, einfach nur durch die Kraft seiner Überzeugung und seine Fähigkeit, diese den Menschen zu vermitteln.

Wir sagen Dinge wie: Ich gebe dir mein Wort, ich verspreche dir etwas, ich möchte mich vorsichtig ausdrücken, ich lasse meinen Worten Taten folgen. Wir verwenden Worte, die entweder verletzen oder heilen, die etwas ausdrücken oder beschreiben, mit denen wir Fragen stellen oder ein Gebet formulieren. Es sind jedoch nicht die Worte als solches, die ein Bewusstsein erschaffen oder Heilung im Körper bewirken oder Umstände verändern. Worte sind lediglich eine Form, in die wir unsere Gefühle und Gedanken gießen. Es ist vielmehr das erwachte Bewusstsein hinter den Worten, das die eigentliche Kraft besitzt. Worte, die mit einer spirituellen Kraft aufgeladen sind, müssen etwas bewirken.

Wir haben die Macht, unsere Realität durch die Wahl unserer Gedanken, Worte und Taten zu beeinflussen. Wenn wir einfach unsere Gedanken und Worte mit Sorgfalt wählen, fallen unsere Taten entsprechend aus. Unsere Wirklichkeit gestaltet sich so, wie wir darüber denken. „Einfach" ist leichter gesagt als getan. Wenn Sie es bereits versucht haben, auf Ihre Gedanken zu achten und nur mit guten anstatt mit bösen Absichten zu sprechen, werden Sie schnell merken, dass das ziemlich anstrengend ist. Man braucht Übung und Achtsamkeit, um im Gehirn neue Nervenbahnen zu schaffen und alte Gedankenmuster durch Nichtbenutzung aufzulösen.

Gehen wir noch einmal zurück zum letzten Kapitel und stellen uns vor, dass unsere Seele unabhängig vom Körper existiert. Damit will ich sagen, dass unsere spirituelle Essenz aus der uns umgebenden, alles durchdringenden Liebe besteht, die allem zugrunde liegt. Diese Liebe oder universelle Intelligenz ist es, die durch unsere Adern fließt. Ich glaube daran, dass unsere Körper nach dem Tod zu Staub zerfällt und sich unsere Seele erneut mit der universellen Liebe verbindet. Wenn unsere Seele dann wieder bereit ist, wählt sie sich vielleicht einen anderen Körper aus.

Die Physiker erklären uns, dass die Welt aus Energieformen besteht, die in verschiedenen Frequenzen schwingen. Materie ist dabei die dichteste Frequenz. Wenn dem so ist, und wir davon ausgehen, dass das Geistige die höchste Schwingung hat, dann können wir Materie auch beeinflussen, wenn wir unsere Schwingungen auf die Ebene des Geistigen anheben. Es geht jedoch nicht darum, unsere Gedanken zum Spirituellen zu zwingen, sondern eher darum, uns von unserem Willen zu lösen und unser Bewusstsein mit dieser höheren Ebene zu verbinden.

Sind wir mit diesem höheren Zustand verbunden, sprechen wir von Inspiration, vom Lateinischen *inspirare* abgeleitet. Es bedeutet so viel wie „einatmen". Manchmal gelangen wir durch die Meditation dazu, oder wir erhalten eine Inspiration, wenn wir sie am wenigsten erwarten und unser Geist mit etwas völlig anderem beschäftigt ist. Plötzlich steigt eine Idee oder eine Lösung in uns hoch. Wir spüren, dass sie einer anderen Quelle entstammt und kein Produkt unseres Verstandes ist, da sich die Energie viel leichter und neu anfühlt. Diese Inspirationen lösen in uns ein Aha-Erlebnis aus, dieses Gefühl von „Warum bin ich nicht schon längst darauf gekommen?". Wenn wir unsere Worte mit dieser leichten Energie durchdringen, wirken sie inspirierender und kreativer.

Gedanken sind die nächste Ebene des Erschaffens und ziehen Materie an. Ich bin fest davon überzeugt, dass wir genau das erhalten, woran wir denken. Deshalb ist es sinnvoll, die eigenen Gedankenschwingungen zu erhöhen und sich nur auf das zu konzentrieren, was man erschaffen möchte. Man kann die gewohnheitsmäßigen Gedankenstrukturen bei Menschen über 40 erkennen, indem man sich ihr Gesicht oder ihre Haltung anschaut. Menschen mit viel Wut haben eine gerötete Haut, während Angst und Sorgen Haarausfall bewirken, da sich die Kopfhaut zusammenzieht und die Haarfollikel so einengt, dass das Haar nicht mehr herauswachsen kann. Gedanken der Trauer und des Schmerzes schlagen sich immer im Körper nieder. Eine sehr kritische oder wertende Einstellung zeigt sich oft als Arthritis und Schwellung der Gelenke. Liebevolle Gedanken hingegen bewirken eine weiche Ausstrahlung in dem Menschen. Aus seinen Augen spricht Sanftmut.

Wählen Sie Gedanken mit Bedacht

Unabhängig davon, was um uns herum geschieht, entscheiden wir selbst, welche Gedanken wir denken. Sie denken jetzt vielleicht, „so ist das eben", aber wenn Sie zurückblicken, werden Sie einen Punkt in Ihrem Leben finden, an dem Sie sich für einen einschränkenden Gedanken entschieden und fest daran geglaubt haben. Vielleicht haben Sie den Gedanken bereits als Wahrheit angenommen, bevor Sie sich dessen überhaupt bewusst waren. Wenn beispielsweise Ihre Eltern daran glaubten, dass das „Leben schwer ist" oder „Herzkrankheiten in der Familie liegen", und Ihnen diese Gedanken übertrugen, bevor Ihr eigenes Bewusstsein vollkommen entwickelt war, dann haben Sie diesen Glauben als Ihren eigenen übernommen. Und die Wahrscheinlichkeit ist hoch, dass Sie bislang in Ihrem Leben viele Erlebnisse angezogen haben, die diesem einschränkenden Glauben entsprechen!

Als Kinder sind wir besonders anfällig für die Glaubenssysteme anderer Menschen, da wir selbst mangels Erfahrung noch keine eigenen entwickelt haben. Am meisten lernen wir in den Jahren vor dem sechsten Lebensjahr. Aus einem Überlebensmechanismus heraus laden wir buchstäblich Informationen aus unserer Umgebung und von unseren Eltern herunter. Das sich erst entwickelnde Gehirn eines Kindes arbeitet zunächst noch im Theta-Zustand, einer Art „Superlearning"-Zustand vergleichbar mit der Trance, der Hypnose oder der Phase zwischen Wach- und Schlafbewusstsein. Wenn wir uns in diesem Zustand befinden, scheint die Zeit stillzustehen und unser Unterbewusstsein ist weitaus aufnahmefähiger. Deshalb sind das Meditieren, das Visualisieren oder das Hören von selbsthypnotisierenden Aufnahmen kurz vor dem Einschlafen oder direkt nach dem Aufwachen so effektiv.

Die gute Nachricht ist, dass wir jede Sekunde die Möglichkeit haben, unsere Gedanken auszuwählen. Dabei ist es unerheblich, was Sie in der Vergangenheit geglaubt oder erlebt haben oder wie streng Sie von anderen oder von sich selbst beurteilt wurden. Die Kraft liegt im gegenwärtigen Augenblick und Sie halten alle Schlüssel dazu in der Hand. Welch ein Glück!

Die beste Art, mit unseren einschränkenden Glaubensmustern umzugehen, ist ein guter Sinn für Humor. Betrachten Sie das Ganze eher wie ein Spiel und malen Sie es sich aus. Sie legen dann auch die eigenen Regeln fest. Besonders wichtig: Empfinden Sie Spaß dabei, seien Sie sanft und liebevoll und kritisieren Sie sich nie und nimmer für irgendetwas. Niemals. Auch wenn Sie Ihr Auto zu Schrott gefahren, sich mit Schokolade vollgestopft, jemanden verletzt haben oder sonst noch was getan haben, was in Ihrem Weltbild als „falsch" gilt.

Kritik an sich selbst oder an anderen zu üben, ist der schnellste Weg in die Depression. Jede unserer Taten zieht ihre eigenen Konsequenzen nach sich, einige weitreichender, als wir es uns vorstellen. Das kosmische Gesetz über die Anziehung von dem, was wir aussenden, wird auf natürliche Weise das Gleichgewicht wiederherstellen, ohne dass wir noch mehr verurteilen müssen. Denken Sie daran, dass ihre Gedanken kreative Kräfte sind und Sie nur mehr von dem anziehen, was Sie kritisieren oder bemängeln, sowohl in Ihrem Inneren als auch im Außen. Louise Hay erinnert uns unermüdlich daran, dass wir uns selbst bedingungslos lieben lernen müssen, damit unser Leben auf allen Ebenen gut läuft.

Erschaffen Sie Ihre Wandlung

Affirmationen sind ein sehr wirkungsvolles Werkzeug für die Transformationsarbeit. Das sind positive, leidenschaftliche Aussagen, die im Präsens formuliert werden. Sie werden immer dann wiederholt, wenn wir einen neuen Seinszustand erschaffen oder einen alten auflösen wollen. Wenn wir beispielsweise eine Erkrankung haben und unsere Gesundheit wiederherstellen wollen, schauen wir uns unsere negativen Gedanken über unsere Gesundheit an und ersetzen sie mit der Aussage: „Ich bin gesund, geheilt und vollkommen." In solchen oder ähnlichen Situationen, in denen es um Mangel geht, ist es wichtig, uns selbst und anderen nicht andauernd von diesem negativen Zustand zu erzählen. Wenn Sie über Ihre Erkrankungen oder Ihren Geldmangel sprechen, werden Sie diesen auch weiterhin in Ihrem Leben spüren – denken Sie daran, Sie sind ein starkes, kreatives Geschöpf! Stattdessen sollten Sie jedes Mal, wenn dunkle Gedanken über Ihre Gesundheit auftauchen, diese mit Ihren Affirmationen umwandeln.

Aussagen mit *Ich bin* haben die meiste Kraft, denn *Ich bin* ist das kreative Prinzip. Das *Ich* steht für den maskulinen Teil, die Feststellung Ihrer wahren spirituellen Identität, und das *bin* steht für die weibliche Qualität, die das gebiert, was auch immer sie empfängt oder aufnimmt. Beide Worte zusammen verkörpern den vollständigen kreativen Prozess. Wenn sie mit einer hohen spirituellen Absicht gesprochen oder gedacht werden, wird sich das manifestieren, was ihnen folgt. Interessanterweise ist das hinduistische Äquivalent das *Aum* (auch bekannt als *Om*), welches wörtlich übersetzt *Ja* oder *Es ist* heißt. Es gilt als der Urklang, aus dessen Schwingungen das Universum entstand.

Wir tauchen leicht in das tägliche Geschehen in der Welt ein und es erfordert gute Disziplin, unsere Gedanken auf die spirituelle Ebene zu richten und unsere Ideale umzusetzen. Krankheit, verletzende Beziehungen, Armut und allgemeines Leid werden allzu „real“, wenn man sie als Merkmal unseres Lebens akzeptiert. In der Phase, als ich am Rande der Insolvenz stand oder fast jeden Monat fast verblutete, war es für mich außerordentlich schwierig zu akzeptieren, dass ich selbst einen Teil dazu beigetragen hatte, diese Umstände zu erschaffen. Wenn Ihnen jemand sagt, dass Sie lediglich Ihre Worte und Gedanken zu verändern brauchen, um Ihre Welt zu verändern, dann ist das fast wie ein Schlag ins Gesicht. Das Ego ist entrüstet über eine solche absurde und übermäßig simple Lösung! Es verteidigt seine Position bis aufs Messer und produziert alle möglichen Vorwürfe und Rechtfertigungen ... bla bla bla. Eine oscarreife Vorführung ... und Sie haben einen Ehrenplatz in der ersten Reihe!

Wenn wir an diesem Punkt nicht weiterkommen, werden wir die alten Muster so lange wiederholen, bis wir von einer nächsten „Wunderheilung“ erfahren, die uns wieder eine Zeit lang von der Verantwortung befreit, nach der tiefer liegenden Ursache unserer Probleme zu suchen. Die wahre Lösung unserer Probleme kann langfristig jedoch nur dadurch geschehen, dass wir die volle Verantwortung übernehmen und der Angelegenheit auf den Grund gehen.

Wie oft haben Sie mit dem Finger auf andere gezeigt und Ihr Problem nach außen auf jemanden oder etwas projiziert? Wenn Sie wie ich und wie viele andere Menschen sind, die ich kenne, dann haben Sie es vermutlich Tausende von Malen getan. Achten Sie einmal darauf, wie viele Finger auf Sie selbst gerichtet sind, wenn Sie Ihren Zeigefinger auf etwas richten. Genau. Es gibt nur einen Ort, an dem Sie anfangen können, Ihr Leben wirklich zu verändern.

Eine Affirmation ist im Grunde jedes Wort oder jeder Satz, den wir sagen oder denken. Die Welt der Materie reagiert auf die kreative Energie, die in jedem unserer Gedanken und Worte steckt. Als ich dieses zum ersten Mal in einem Training zu „Heile dein Leben" lernte und verinnerlichen musste, traf es mich bis ins Mark. Sowohl die Erkenntnis über die eigene Verantwortung als auch mein Bemühen, alle meine Gedanken und Worte zu überwachen, überwältigte mich derart, dass ich eine ganze Woche lang schwieg! Mir wurde bewusst, wie viele unserer Selbstgespräche und Unterhaltungen negativ sind. Möglicherweise ist es auch eine britische Eigenart, fast jedes Gespräch mit Gejammer oder Tratsch zu beginnen. Ob es um das Wetter, den Verkehr, die Regierung oder andere Leute geht, man kann viele Themen dazu missbrauchen.

Zurück zum Thema Schwingung: Wenn jeder positive Gedanke eine höhere Frequenz hat und dementsprechend Materie von der gleichen Schwingungsfrequenz anzieht, dann gilt das Gleiche für negative Gedanken und Worte am anderen Ende des Spektrums. Wenn wir Zeit und Energie für Gedanken und Worte aufwenden, die nur ungewollte Erlebnisse in unser Leben ziehen, dann lassen wir ungenutzte Gelegenheiten verstreichen!

Positive Worte nähren Wachstum

Gelegentlich einmal richtig jammern tut mir gut, es hilft hervorragend, um Dampf abzulassen. Außerdem entsteht der beste Humor im Grunde dann, wenn sich die ganze Welt gegen einen verschworen hat. Wenn ich jedoch Schönheit und Harmonie in und um mich herum erleben will, muss ich meine Worte und Gedanken mit Bedacht wählen. Mantras und Affirmationen helfen auf sehr wirkungsvolle Art, Gedanken und Erlebnisse zu verändern.

Nach neuesten neurologischen Erkenntnissen ist es möglich, die Funktionsweise bestimmter Hirnareale um bis zu 25 Prozent zu verändern, wenn man seine Worte und Gedanken genau auswählt und sich zwischen 10 bis 20 Minuten täglich darauf konzentriert. Beispielsweise werden Sie sich allein durch die Konzentration auf das Wort „Friede" allmählich friedlich fühlen und die Gefühlszentren in Ihrem Gehirn beruhigen sich.

Die beiden Neurowissenschaftler Andrew Newberg und Mark Robert Waldman erklären in ihrem wegweisenden Buch *Die Kraft der mitfühlenden Kommunikation: Wie Worte unser Leben ändern können,* wie eine Botschaft vom Thalamus an andere Bereiche des Gehirns übermittelt wird, wenn sie aus einem positiven Gedanken oder Wort besteht, das die Parietal- und Frontallappen stimuliert. Dabei wird die Fähigkeit des limbischen Systems, neurochemische Signale der Angst, Reizbarkeit oder Depression zu produzieren, auf wirksame Weise verlangsamt. Das baut in unserem Gehirn ein selbstbestärkendes Muster auf. Der Frontallappen umfasst bestimmte Sprachzentren, die direkt mit dem Motorcortex verbunden sind, der zuständig ist für unser motorisches Verhalten. Diese Sprachzentren werden von unseren friedvollen Gefühlen beeinflusst und wir verhalten uns demnach ruhiger. Das erzeugt gelassenere Gedanken und stärkt die neu entstandenen neuronalen Netzwerke. So setzt sich dann der Kreislauf fort. Worte beeinflussen sogar, wie sich unsere Gene im Gehirn und im Körper ausdrücken, sie können sie nach Belieben an- oder ausschalten und somit unser biologisches Wachstum steuern.

Es reichen ein paar Wochen der Wiederholung, um Ihr Gehirn positiv zu verändern. Wie eine Studie belegen konnte, reicht bereits das wenige Sekunden lange Betrachten einer Liste mit positiven Worten, um die Stimmung eines besorgten oder deprimierten Menschen zu heben. Versuchen Sie es einen Monat lang jeden Tag. Schreiben Sie eine Liste von Worten auf, die für Sie positiv besetzt sind, meditieren Sie jeden Morgen und jeden Abend zehn Minuten darüber und notieren Sie Ihre veränderten Stimmungen.

Unser Gehirn reagiert jedoch noch weitaus empfindlicher auf negative Kommunikation, besonders auf das Wörtchen „Nein". Wenn Sie sich eine Liste von negativen Begriffen betrachten, werden Sie sich sofort schlechter fühlen. Sobald Ihre Amygdala – ein walnussförmiger Kampf- oder Fluchtschalter im emotionalen Teil des Reptiliengehirns – mit negativen Worten oder Sätzen in Kontakt kommt, werden Stress produzierende Hormone und Neurotransmitter ausgeschüttet, die die gesamten Körperfunktionen beeinflussen, inklusive des Verstands. Gedächtnis und Emotionen sind dabei besonders betroffen. Aus der Hirnforschung wissen wir, dass wir, je mehr wir uns auf negative Gefühle und Gedanken konzentrieren, desto mehr wichtigen Strukturen unseres emotionalen limbischen Systems schaden. Das führt zu Störungen im Schlafrhythmus, Appetitunregelmäßigkeiten, Stimmungsschwankungen und verändert die Regulierung unserer Glücksgefühle, unserer Gesundheit und Lebensdauer. Das Grübeln über Vergangenheit oder Zukunft kann unsere Unzufriedenheit steigern. Das kann sogar bis zu einer klinischen Depression führen.

Noch schlimmer ist es jedoch, Negativität auszustrahlen oder sich die negative Einstellung einer anderen Person anzuhören. Das löst nur noch mehr Stress im System aus, was möglicherweise zu noch mehr Gereiztheit, Angst oder Depression führen kann. Ein Grund mehr, abends vor dem Schlafengehen keine Nachrichten mehr zu schauen!

Neueste Forschungsergebnisse zeigen, dass die schnellste Methode zur Umwandlung negativer oder ängstlicher Gedanken in positive Gefühle darin besteht, eine optimistische, entspannte Einstellung zu Problemen und Vorhaben einzunehmen. Da unsere Einstellung im Grunde nur eine Aneinanderreihung von Worten, Gedanken, Bildern und Gefühlen ist, kann eine bewusste Bearbeitung und Steuerung dieser Gedankengänge neue neuronale Verschaltungen kreieren, die die modifizierte Nachricht leicht an andere Hirnareale weitervermitteln kann.

Sollten Sie bereits ohne viel Erfolg mit Affirmationen gearbeitet haben, kann ich Sie nur dazu ermutigen, es noch einmal zu versuchen. Wenn Sie zum Beispiel mit einer Affirmation zur Heilung einer Krankheit arbeiten und es passiert nichts, dann machen Sie wohl gerade eine Fünf-zu-eins-Erfahrung, wie ich das nenne. Ihre Lippen bewegen sich zwar, während Sie die Worte für jede positive Aussage sprechen, aber hinter jeder lungern fünf negative Gedanken, die nur darauf warten, die Aussage zu torpedieren. Die zarte positive Aussage hat keine Chance, in einem solchen Klima von Angst und Missmut zu überleben. Hier ein Beispiel dazu (Gedanken sind kursiv):

„Ich bin gesund, geheilt und voller Kraft."

Eigentlich fühle ich mich gar nicht gesund. Vielleicht werde ich nie geheilt. Mama litt über viele Jahre daran und wurde nie davon geheilt, warum sollte es bei mir klappen? Dieser ganze Prozess ist lächerlich. Wieso habe ich jemals daran geglaubt, dass er funktioniert? Ich gehe lieber wieder zum Arzt/nehme irgendwelche Medikamente/schaue bei Google nach. Da weiß ich wenigstens, woran ich bin.

Das sind alles nur Ablenkungen. Oder es ist Widerstand gegen wirkliche Veränderung. Affirmationen sollen Absichtserklärungen sein, etwas, was Sie wirklich umsetzen wollen; nicht nur eine Betrachtung der Situation, in der Sie sich befinden. Positive Affirmationen sind weniger Fluchtfantasien oder unrealistische Erwartungen als vielmehr kleine Samen der Hoffnung für die Zukunft. Es liegt an Ihnen, diese zarten Setzlinge vom Frost Ihres Zynismus zu schützen, sie zu hegen und zu pflegen, bis sie verwurzelt genug sind, um selbst aufrecht zu stehen.

Ihre Gedanken brauchen Zeit, absolute Ehrlichkeit und Geduld. Wenn Sie Ihrem inneren Dialog anfangs zuhören und Ihre Gedanken und Worte beobachten, ist es wie ein Wollknäuel, bei dem Sie das Ende suchen, um es herauszuziehen. Das ist eine ziemliche Herausforderung. Aber bitte bleiben Sie unbedingt dran, die Ergebnisse lohnen sich.

Wenn Sie eine Affirmation gefunden haben, die sich stimmig anfühlt, wie beispielsweise „Ich bin gesund, zufrieden und frei", dann sollten Sie sich als Erstes die Frage stellen: „Wie wird sich mein Leben ändern, wenn diese Affirmation in Erfüllung geht?" Bemühen Sie sich, bei dieser Frage vollkommen offen zu bleiben. Die Antworten werden Sie möglicherweise überraschen. Natürlich werden Sie einerseits etwas gewinnen, das heißt bessere Gesundheit, mehr Energie, ein Gefühl des Erfolgs, aber Sie können auch etwas verlieren. Vielleicht sorgen Sie sich darum, dass sich keiner mehr um Sie kümmert, wenn Sie vollkommen gesund sind. Oder Sie müssen mehr arbeiten. Manchmal müssen Sie auch Verantwortung für Unstimmigkeiten in Ihren Beziehungen übernehmen. Das sind einige unangenehme Themen, die Ihren Widerstand festigen können. Sie werden sicherlich noch andere Varianten entdecken. Diese hochsteigenden Themen gründen auf Gefühlen der Angst oder der Wertlosigkeit.

Es ist ungeheuer schwierig, sich ihnen direkt zu stellen. Aber konfrontieren müssen wir uns, wenn wir die Ursachen erkennen wollen, um die Situation zu ändern.

Ich verbrachte einmal einige Tage mit einem Thema, das mich belastete, wo ich jedoch nicht hinschauen wollte. Meine rechte Schulter schmerzte und der Blutfluss zur rechten Hand schien gestaut. Ich arbeitete mit Affirmationen, machte Dehnübungen, Akupunktur und Ähnliches, ohne den rechten Erfolg. Das Problem verschlimmerte sich so sehr, dass sich irgendwann meine Nägel blau färbten und meine Finger anschwollen. Ich konnte weder die Tastatur noch einen Kuli benutzen. Ich stellte mir dann die Frage, wie sich mein Leben mit einem geheilten Arm ändern würde und da fiel der Groschen. Wenn ich weder tippen noch schreiben konnte, könnte ich auch dieses Buch nicht schreiben. Und dieses Buch nicht zu schreiben bedeutete, mich nicht bloßzustellen. Die ganze Situation basierte auf einer uralten, mir überhaupt nicht bewussten Angst. Um diese Angst aufzulösen, musste ich bis zur Ursache dieser Angelegenheit vordringen. Dazu brauchte ich eine Stunde. Meine Schulter, mein Arm und meine Hand wurden wieder völlig normal. Wie mächtig unsere Gedanken doch sein können!

Vergebung

Wenn Sie mit dieser Frage trotzdem nicht vorankommen, dann kann es sein, dass ein wenig Vergebungsarbeit ansteht. Vergebung ist ein kniffeliger Akt und wird häufig mit Versöhnung verwechselt. Wenn wir vergeben, ist es ein Akt der Selbstliebe: Wir befreien uns von Negativität und holen uns unsere Kraft zurück. Wir brauchen nicht einmal mit dem Menschen in Kontakt zu treten, dem wir vergeben; er wird die Erleichterung vermutlich auf der energetischen Ebene spüren. Jemandem zu vergeben bedeutet nicht, sein Verhalten zu billigen oder weiterhin zu ertragen. Manchmal liegt der höchste Akt der Liebe darin, eine Grenze zu setzen und dabei konsequent zu bleiben. Dennoch heißt es, dass wir der Person vergeben und über ihren Schmerz und ihre Begrenzungen hinwegsehen zum göttlichen Wesen in ihrem Inneren. Schließlich sind wir alle eins.

Vergebung bringt Licht in die dunklen Ecken der Geschichte. Durch Nelson Mandelas Fähigkeit zur Vergebung konnte Südafrika einen Schritt in die Zukunft machen. Ich erinnere mich noch gut daran, wie ich zu Tränen gerührt war, als ich ein Radiointerview mit Gordon Wilson hörte, einem Überlebenden des Anschlags von Enniskillen. Gordon wurde während des Bombenanschlags am Remembrance Day im November 1987 unter Trümmern verschüttet. Während seine Tochter neben ihm im Sterben lag, hielt er ihre Hand. Er erinnerte sich an ihre letzte Unterhaltung:

„Sie hielt meine Hand ganz fest, so fest sie konnte, und sagte: Vati, ich liebe dich sehr. Das waren ihre genauen Worte, die letzten, die ich von ihr hörte."

Unerwartet fuhr Wilson fort: „Ich trage jedoch keine Feindseligkeit in mir und keine Wut. Das erweckt sie nicht wieder zum Leben. Sie war ein wunderbares Mädchen. Sie liebte ihren Beruf. Sie war ein Schatz. Jetzt ist sie tot. Jetzt ist sie im Himmel und wir werden uns wiedersehen. Ich werde für diese Männer heute Nacht und jede Nacht beten."

Gordon Wilson wurde zu einem Friedenskämpfer. Sein Akt der Vergebung ging wie eine Welle um die Welt. Der Historiker Jonathan Bardon berichtete dazu: „Noch nie haben Worte in den letzten 25 Jahren der Gewalt in Nordirland eine solche emotionale, mächtige Wirkung gezeigt."

Eine höchst inspirierende Geschichte der Vergebung erzählt uns der Autor Joe Vitale über Dr. Ihaleakala Hew Len und Ho'oponopono aus der Huna-Tradition. Dr. Len ist Psychologe in Hawaii, mit seiner Methode heilte er eine komplette Station für geisteskranke Straftäter ... ohne jemals einen von ihnen gesehen zu haben.

Während er die Akten der einzelnen Insassen studierte, fragte er sich tief im Innersten, wie er diese Krankheit der Person verursacht hatte. Ja, lesen Sie das nochmal, wenn Sie müssen ... wie *er* die Krankheit der Person verursacht hatte. Während der Psychologe *sich selbst* heilte, verbesserte sich auch der Zustand der Patienten. Sie konnten bald entlassen werden und die Station wurde geschlossen. Mit dieser Geschichte wird das Thema Eigenverantwortung vollkommen neu beleuchtet. Außerdem bestätigt sie einmal mehr die Theorie, dass wir alle eins sind.

Die Geschichte legt nahe, dass Sie für alles, was in Ihrem Leben existiert, selbst verantwortlich sind; es ist gewissermaßen eine Projektion Ihres Inneren. Sie müssen jeden Teil von sich selbst lieben, das Gute wie das Böse, das Dunkle wie das Helle. Dann erst können Sie Ihre Welt heilen. Wenn Ihnen die allgemeine Wirtschaftslage nicht zusagt, müssen Sie Ihre eigenen Finanzthemen klären. Wenn Ihre Beziehungen nicht zufriedenstellend sind, dann müssen Sie an Ihrer Selbstliebe arbeiten.

Die Technik von Dr. Len ist denkbar einfach, ich empfehle sie Ihnen wärmstens. Probieren Sie sie aus. Dr. Len sagte bei jeder Patientenakte, die er durchsah, unentwegt immer wieder „Es tut mir leid" und „Ich liebe dich". Wenn Sie an einer Situation festhalten oder jemandem – oder sich selbst – Vorwürfe machen, dann stellen Sie sich diese Person vor und wiederholen Sie diese beiden Sätze, bis Sie merken, wie sich die Energie löst. Es funktioniert tatsächlich!

Sie werden es wissen, wann Sie sich selbst oder jemand anderem vergeben haben. Die Schwierigkeiten, mit denen Sie konfrontiert waren, werden sich nämlich wie von Zauberhand auflösen. Das kann unmittelbar geschehen oder es dauert ein paar „Schläfchen" (wie meine sechs Jahre alte Nichte sagt), um sie loszulassen. Oft müssen Sie dazu nur bereit sein. Wenn Sie sich diesem inneren Raum zuwenden, wo Sie vielleicht nur einen kleinen Funken Bereitschaft zur Vergebung finden, dann kümmert sich das Universum um die Einzelheiten. Eine Art Amnesie kann an dieser Stelle sogar eintreten, als ob wir vergessen hätten, dass wir überhaupt ein Problem hatten. Durch etwas oder jemanden werden wir dann darauf aufmerksam gemacht, dass es nicht mehr Bestandteil unseres Lebens ist.

Lassen Sie Ihre Affirmationen ruhig los, wenn Sie Ihnen entwachsen sind. Sie sind nur als Sprungbrett zum Erfolg gedacht. Wenn Sie das erreicht haben, wo Sie anfangs hinwollten, dann fangen Sie an, sich neue Affirmationen zu erträumen!

Sich auf das Universum einstimmen

Auch wenn ich auf die Kraft der Worte und Gedanken vertraue, für mich liegt die wahre Macht in der Stille und der Intention. Das berühmte Reisexperiment von Dr. Masaru Emoto beweist die Macht der Gedanken, der Worte und – am wichtigsten – der Absicht über die Materie. In diesem Experiment versiegelte Dr. Emoto gekochten Reis in drei verschiedenen Gläsern. Das erste Glas bekam nur positive Worte zu hören, es erhielt auch eine Beschriftung mit dem Wort „Danke schön". Umgekehrt wurde das zweite Glas beschimpft und erhielt eine Aufschrift mit negativen Worten. Das dritte Glas galt als Kontrollglas und wurde zur Seite gestellt und völlig vernachlässigt. Nach einem Monat begann der Reis im ersten positiven Glas zu treiben und roch gut. Der Reis im zweiten negativen Glas war schwarz geworden. Hier wird es interessant, denn der Reis im dritten unbeachteten Glas war verdorben und schimmelig geworden.

Es ist viel geschrieben worden über die Bedeutung dieses Experiments und die sich daraus ergebenden Erkenntnisse über die Macht des positiven Denkens. Was mich viel mehr fasziniert, sind die Ergebnisse bei dem dritten Glas. Es scheint, dass irgendeine Art der Aufmerksamkeit besser ist als gar keine. Dr. René Spitz hat das 1945 durch seine Forschung in einem Findelhaus bewiesen, als er das Schicksal von 34 Säuglingen untersuchte. Ihnen fehlte die mütterliche Liebe und Zuwendung. Insgesamt starben in ihrem ersten Jahr 27 Babys und weitere sieben in ihrem zweiten Jahr. Sich nicht um einen Menschen oder ein Tier, das auf einen angewiesen ist, zu kümmern, verursacht offensichtlich großen Schaden. Wenn wir unsere Aufmerksamkeit einem Umstand abziehen, verfällt dieser möglicherweise auch schneller. Das bestätigt nur wieder die Aussage, dass Energie dorthin fließt, wo die Aufmerksamkeit hingeht. Diese These könnte man wirksam dazu einsetzen, einen negativen Zustand aufzulösen oder etwas Positives in unserem Leben zu manifestieren.

Die große Macht des Universums lebt in uns allen. Wenn wir uns die Zeit nehmen, um innezuhalten und uns auszurichten, wird unser Sein harmonisiert. In die Stille zu gehen ist eine direkte Abkürzung zum inneren Gleichgewicht, denn durch die Beruhigung des Geistes und die Ausrichtung auf die Einheit erhöhen Sie die Schwingung des Körpers auf eine Ebene, auf der Unfrieden nicht bestehen kann. Zerrissenheit gibt es nur auf der sterblichen Ebene.

Das „Oxford English Dictionary“ definiert die ursprüngliche Bedeutung des griechischen Wortes „Chaos“ als „die formlose Materie, die vor der Schöpfung des Universums bestanden haben soll“. Ursprünglich war es weniger ein Synonym für Unordnung als vielmehr ein Begriff, der sich mit dem Tao der östlichen Weisheitslehre deckt.

Wenn wir uns mit dieser „formlosen Materie" verbinden und unsere Absicht durch Stille und das Gefühl der Ganzheit auf die Universelle Liebe ausrichten, werden wir mit der Kraft erfüllt, etwas Vollkommenes zu schaffen. Viele weltbekannte Künstler, Musiker, Wissenschaftler, Philosophen und Heiler haben diese Qualität durch ihre Arbeit zum Ausdruck gebracht. Ich bin sicher, dass auch Sie diese Momente in Ihrem Leben bereits erfahren haben.

Bereitet Ihnen die Vorstellung Probleme, dass Sie Teil des göttlichen Bewusstseins sind und arbeiten Sie bereits mit Techniken zur Manifestation, versuchen Sie es vor dem Schlafengehen mit der Affirmation „Ich bin eins mit der göttlichen Ordnung". Im Schlaf verbinden wir uns mit dem universellen Bewusstsein, in dem alles möglich ist. Schieben Sie Ihren Unglauben für einen Moment beiseite und werden Sie kurz vor dem Einschlafen wieder zu einem Kind, das von seinem Lieblingsmärchen entzückt ist. Schließlich erfährt ja keiner, was Sie gerade denken. Die Macht Ihrer Vorstellung wird weiterarbeiten, während Sie schlafen und verwandelt Ihre Träume in Wirklichkeit. Zumindest werden Ihre Träume märchenhaft sein ...!

5.

Meinen Lebenssinn finden

„Nichts ist Arbeit, außer Sie würden am liebsten etwas anderes tun."

Georg Halas

Was würden Sie im Augenblick am liebsten tun? Wie möchten Sie Ihr Geld verdienen? Welchen Beitrag zur Welt leisten Sie? Sie sind jetzt vielleicht versucht zu sagen: „Ich würde am liebsten jetzt mit meinem Lotteriegewinn am Strand auf den Seychellen liegen." Aber langfristig gesehen haben Sie sicherlich eine Vorstellung über Ihren Beitrag.

Jeder glaubt daran, dass sein idealer Job irgendwo da draußen ist. Aber meistens blockieren wir uns durch unsere inneren Glaubensmuster selbst darin, ihn zu finden. Das liegt daran, dass wir uns nicht für würdig genug halten, unseren Traumjob zu bekommen; wir brauchen noch mehr Qualifikationen, Talente, Charisma, Jugend, Energie, Erfahrung, soziale Kompetenzen, Gelegenheiten ... die Liste ist endlos. Viele Jahre lang sorgte mein geringes Selbstwertgefühl dafür, dass ich alle Chancen ausschlug. Und das, obwohl ich in den Augen der Gesellschaft bereits als „erfolgreich" galt.

Auch wenn wir uns trauen, an die Möglichkeit eines Traumjobs zu glauben, stellen wir uns selbst ein Bein, indem wir uns auf das konzentrieren, was wir nicht haben wollen, anstatt unseren Traum zu visualisieren. Unsere Leidenschaft liegt nicht beim Job, sie liegt in uns. Wenn wir uns durch die Arbeit quälen und denken: „Ich will diesen Job überhaupt nicht, er ist langweilig, die Bezahlung ist miserabel und ich ertrage meinen Boss nicht mehr", dann wird das Universum mit „Das stimmt" antworten.

Damit sich irgendetwas ändern soll, müssen wir die Begeisterung und Dankbarkeit in uns entfachen, genau dort, wo wir gerade stehen. Wenn Sie diese Quelle anzapfen, wird sich das Universum um Ihre Träume herum neu ordnen, und zwar schneller als Sie denken.

Überlegen Sie sich also, welche Art der Arbeit Ihr Herz zum Singen bringen würde. Welche einmaligen Fähigkeiten haben Sie? Glauben Sie mir, Sie werden welche finden. Fragen Sie Ihre

Freunde oder Familie, was sie an Ihnen so schätzen. Erinnern Sie sich an Ihre Kindheit: Was hat Sie damals fasziniert? Stellen Sie sich vor, wie sich die ganze Welt für Sie einsetzt, damit Sie Ihre Träume erreichen können und jeder Schritt dazu in die richtige Richtung führt.

Wenn Sie ein kristallklares, farbenfrohes Bild Ihres Traums im Kopf haben, und die Gefühle nachempfinden können, die Sie beim Erreichen haben werden, stellen Sie sich vor, wie Sie diesen Traum leben. Stellen Sie sich einen Tag in diesem neuen Leben vor: welche Kleider tragen Sie, wie viele Stunden arbeiten Sie, welchen Lebensstil pflegen Sie? Erstaunlicherweise braucht es einige Zeit, um klar zu definieren, was Sie wirklich wollen. Aber es lohnt sich, dranzubleiben. Dieser Teil ist der schwierigste. Sie können Ihre Vorstellungen während des Prozesses auch ständig weiterentwickeln. Wichtig ist, dass Sie Freude dabei empfinden, offen und neugierig sind, eine heitere Einstellung haben und sich trauen, daran zu glauben.

Jedes Mal, wenn Sie sich bei dem Gedanken „Eigentlich will ich diesen Job überhaupt nicht" erwischen, stellen Sie sich Ihr neues Bild vor und wechseln zu dem Gedanken: „Ich liebe mein neues Leben! Ich bin entzückt, dass Ich (Betrag einfügen) verdiene und dabei eine Arbeit mache, die mich erfüllt und inspiriert." Fühlen Sie sich frei, Ihre eigene Wortwahl zu finden, aber achten Sie darauf, dass Ihre Affirmationen positiv und in der Gegenwart formuliert sind und dass sie Worte wie „liebe", „begeistern", „überglücklich" und „inspirieren" enthalten. Das wird sich sicherlich eine Zeit lang falsch anfühlen, aber wenn Sie bereit sind, Ihre Zweifel aufzulösen und durchzuhalten, werden Sie sich leichter fühlen und Chancen tauchen gleichsam aus dem Nichts auf.

Mit Dankbarkeit die Zukunft verändern

Veränderungen geschehen am schnellsten, wenn Sie aufrichtig dankbar für das sind, was Sie bereits haben, während Sie sich Ihre Zukunft so ausmalen, als ob Sie bereits dort wären. Wenn Sie eine neue Arbeit oder einen beruflichen Aufstieg wünschen, dann achten Sie ab jetzt darauf, was Ihnen bei Ihrer derzeitigen Arbeit Freude bereitet. Beispielsweise ein regelmäßiges Einkommen, Freizeit, ein warmes Büro, zufriedene Kunden, freundliche Kollegen ... was auch immer. Seien Sie einfach dankbar. Nehmen Sie sich die Zeit für ein echtes Interesse an Ihren Mitmenschen, unabhängig davon, wie sie sich Ihnen gegenüber verhalten. Sie werden sich vor Ihren Augen verändern.

An diesem Punkt haben Sie vermutlich den Eindruck, dass Ihre Situation eigentlich doch gar nicht so schlecht ist. Aber wenn Sie dennoch gehen wollen, stellen Sie sich vor, wie jemand anderes Ihre Arbeitsstelle übernimmt und sehr dankbar dafür ist. Spüren Sie, wie der Übergang reibungslos geschieht.

Ich habe diese Technik selbst viele Mal getestet, sowohl an mir selbst als auch an Freunden. Was immer wieder dabei überrascht, ist die Schnelligkeit, mit der sich die Veränderung zeigt, wenn wir mit ganzem Herzen bei der Sache sind ... und wie stark unser Widerstand trotzdem sein kann! Beispielsweise visualisierte eine Teilnehmerin bei einem Wochenendworkshop ihr Traumhaus bis zum letzten Detail. Sie sah sich auch in ihrer Traumarbeitsstelle bei vollem Gehalt mit nur zwei Arbeitstagen pro Woche. Innerhalb einer Woche hatte sich dieses ganze Szenario tatsächlich manifestiert, aber sie schaffte es, sich das Ganze wieder auszureden, weil sie sich nicht bereit fühlte! Glücklicherweise wurde ihr bewusst, was geschehen war und sie leitete wieder die richtigen Schritte ein, um ihren Traum doch noch Wirklichkeit werden zu lassen.

Nach zwei Jahren Kampf mit meinem inneren Gleichgewicht und den damit verbundenen gesundheitlichen Problemen (mich bremste mein unterschwelliges Glaubenssystem, ich müsste einer „anständigen Arbeit“ nachgehen), fing ich an, mir mein ideales Gleichgewicht zwischen Arbeit und Privatleben zu visualisieren. (Allein die Tatsache, dass in dieser Formulierung die Arbeit vor dem Privatleben steht, deutet bereits darauf hin, wie wir als Gesellschaft ins Ungleichgewicht gefallen sind.) In einer idealen Welt wäre doch unsere Arbeit der äußere Ausdruck unseres Wesens als Mensch, oder? Ich lehne mich jetzt weit aus dem Fenster und behaupte, dass Sinn und Zweck von Bildung die Entdeckung der Fähigkeiten und Stärken eines heranwachsenden Menschen sein sollte, mit der Aufforderung, diese natürlichen Talente zu entwickeln. Ich habe mich lange und intensiv mit dieser Frage beschäftigt und mich entschieden, meine Zeit aufzuteilen zwischen meiner Heilarbeit, dem Schreiben (sowohl beruflich als auch zum Spaß) und meiner Wohltätigkeitsarbeit für Kinder.

Das ist genau das, was ich jetzt tue.

Das Beste von allem, was wir sein können

Ich hatte wirklich Glück mit meinen liebevollen und unterstützenden Eltern. Mein Vater ist für alle seine Angehörigen der sprichwörtliche Fels in der Brandung. Er ist ein Arbeitstier, kompromisslos ehrlich und spricht nie unüberlegt. Egal wie sehr er von jemandem hängen gelassen wird, er ist sehr zurückhaltend mit Vorwürfen. Er versetzt sich vielmehr in die Situation der Person und versucht, ihre Sichtweise zu verstehen. Er ist der geborene Ernährer mit Führungsqualitäten.

Meine Mutter ist zarter, bei ihr geht es immer um Liebe und Versorgung. Aufgeweckt und lebendig bringt sie mich schnell zum Lachen und zeigt ihre Liebe durch ihren Optimismus und ihr Verständnis. Sie sieht die Dinge einfach anders und weiß, wie man sich gut um andere Menschen kümmern kann.

Die Botschaften, mit denen ich folglich aufwuchs, waren: „Du bist in Sicherheit und du wirst geliebt." Ich glaube, das sind die zwei wichtigsten Botschaften, die man jemandem mitgeben kann. Ich habe 40 Jahre gebraucht, um dieses Geschenk anzunehmen. Und auch wenn meine Familie genauso menschlich und fehlbar ist wie wir alle, bin ich doch unendlich dankbar für das, was sie mir mitgegeben haben.

Meiner Meinung nach funktioniert Evolution genauso. Unsere Aufgabe als Mensch besteht darin, das Beste aus uns herauszuholen. Dafür müssen wir die Fähigkeiten, die wir von unseren Eltern geerbt haben, zusammenfassen und sie auf unsere eigene, einmalige Art neu ausdrücken. Auf diese Weise überlebt das Beste aus der Generation und gedeiht durch unsere Kinder. Ich glaube nicht, dass das nur durch die genetischen Eltern möglich ist; jeder, der als Kind regelmäßig unter dem Einfluss von talentierten Persönlichkeiten stand, wird diese Qualitäten ebenfalls als Teil seines eigenen Instrumentariums haben. Damit meine ich Großeltern, Freunde der Familie, Stieffamilien, Nachbarn und Lehrer, die alle ihren Teil dazu beigetragen haben.

Wer hat Sie in jungen Jahren stark geprägt? Welche Botschaften haben Sie erhalten? Wenn Sie nach dem Positiven suchen und erkennen, dass diese Personen auch nur menschlich waren und ihr Bestes gegeben haben, dann hat ihre Botschaft Ihrer eigenen Entwicklung geholfen und stimmte mit dem überein, was Sie selbst als den Sinn Ihres Lebens empfinden. Letztendlich kennt jeder von uns seinen Lebenssinn in dieser Welt.

Fragen Sie irgendein Kind, worin es gut ist und Sie werden es direkt zu hören bekommen. Vielleicht passt es nicht in ein allgemein anerkanntes Berufsbild, aber die meisten von uns wissen als Kind bereits, warum wir hier sind. Meine Familie erzählte mir einmal, wie mein Onkel mich fragte, was ich werden wolle, wenn ich erwachsen sei. Ich richtete mich mit meinen sechs Jahren zu voller Größe auf, holte tief Luft, schaute ihm ernsthaft in die Augen und verkündete: „Ich werde Menschen dabei helfen, sich besser zu fühlen."

Es ist wichtig, solche Fragen zu stellen und zwar nicht nur einmal, sondern das ganze Leben hindurch. Im 21. Jahrhundert bleiben im Verlauf ihres Arbeitslebens nur wenige bei einer einzigen Arbeitsstelle oder gar einer beruflichen Richtung. In der Vergangenheit galt es als etwas Positives, einer Firma lange treu zu bleiben und sich in ihrer Hierarchie hochzuarbeiten. Heute wird das Verharren in einer Organisation als fehlender Ehrgeiz interpretiert.

Durch das Homeoffice, freiberufliche Tätigkeiten, flexible Arbeitszeiten, Sabbatjahre, familienfreundliche Arbeitsmodelle und Fortschritte in der Technologie gibt es mehr denn je die Möglichkeit, flexible Arbeitsstrukturen zu schaffen, die zu einem passen. Sogenannte Portfolioerträge werden immer gängiger.

Denken Sie einmal an die unbewussten Botschaften, die Sie als Kind in Bezug auf die Arbeit erhalten haben. Haben Sie Ihre Eltern bei ihrer Arbeit glücklich erlebt oder galt Arbeit eher als „notwendiges Übel"? Vielleicht war Ihr Vater oder Ihre Mutter alleinerziehend oder Sie wuchsen in einer Familie auf, in der beide Eltern arbeitslos waren. Vielleicht gab es eine Abneigung gegen Ganztagsbetreuer oder Hauseltern. Ganz gleich, wie die tatsächliche Erfahrung war, entscheidend sind die Gefühle und die unterschwelligen Einstellungen, die Sie als Kind aufgeschnappt haben.

Meine Reise

Wie viele Frauen in den 1980er-Jahren wurde auch ich Opfer meines Erfolgsstrebens, weil ich versuchte, in der Arbeitswelt wie ein Mann zu bestehen. Während meiner Kindheit beeindruckte mich mein Vater, ein Selfmade-Unternehmer, mit seinem ausgeprägten Geschäftssinn und seiner Fähigkeit, Dinge anzupacken. Meine Mutter erschien im Vergleich dazu eher emotional und unentschlossen. Ich machte mir keine Gedanken darüber, wer mir meine tägliche Infrastruktur bereitstellte – die Mahlzeiten, die Umarmungen, die angenehmen Gespräche und tröstenden Worte. Für mich verwandelte sich die Welt erst in einen Farbfilm, wenn mein Vater durch die Tür trat.

Erst heute erkenne ich, dass mein Vater allein nicht die Kraft gehabt hätte, auch nur einen Bruchteil seiner Errungenschaften aufzubauen, wenn da nicht die liebevolle und bereitwillige Unterstützung meiner Mutter gewesen wäre. Sie opferte viel von ihrer persönlichen Freiheit. Es war meine Mutter, die ihn versorgte, als er mit 25 Jahren an einem stressbedingten Magengeschwür erkrankte. Es ging ihm fünf Jahre lang jeden Tag schlecht. Sie war es auch, die ihm mit Rat und Tat zur Seite stand, als die Geschäfte nicht so gut liefen und die ihn ermutigte, Risiken einzugehen, die er von allein nicht gewagt hätte. Sie war es auch, an die er sich für eine ausgewogene Sichtweise wandte. Sie und ihre Mutter waren es, die uns fröhlich darin unterstützten, unser volles Potenzial zu leben.

Jedenfalls erkannte mein 12-jähriges Herz damals diese Qualität nicht. Bei dem ganzen emotionalen Zeug leuchtete bei mir immer das Alarmlämpchen; auf diese Weise konnte man die Welt nicht aus den Angeln heben. Für den wahren Erfolg musste man Eier haben, je größer, desto besser! Und ich wollte mir welche wachsen lassen!

Während ich auf dem Gymnasium war, wurde Margaret Thatcher gewählt. Das Land beobachtete mit großem Interesse, wie eine Regierung mit einer Frau am Ruder abschneiden würde. Würde sie mit Intuition, Wohlwollen und einer guten Hand regieren? Oder würde sie sich mit ihren dunklen Kräften verbinden und Uneinigkeit, Manipulation und Missgunst heraufbeschwören?

Die Geschichte hat diese Fragen längst beantwortet, aber damals schien ihr Auftreten auf dem politischen Parkett verschlossene Türen für junge, beruflich aufstrebende Frauen zu öffnen. Neue Möglichkeiten taten sich für unsere berufliche Karriere auf. Würden wir Frauen nun Ärztinnen, Wissenschaftlerinnen und Rechtsanwältinnen werden? Würden wir ein Zuhause oder eine Firma gründen? Es gab keine Experten, die uns beraten konnten, da dieses Feld größtenteils absolutes Neuland war. Meine Mutter und die Mütter meiner bürgerlichen Freunde hatten praktisch ihr ganzes Leben damit verbracht, ihre Ehemänner und Familien zu unterstützen oder sich in der Wohltätigkeitsarbeit zu engagieren. Es gab einige Ausnahmen, wie die Mutter meiner besten Freundin, die einen sehr erfolgreichen Friseursalon führte und eine andere, die Hotelbesitzerin war. Aber diese Frauen waren in der Minderheit.

Berufsberatung wurde per Computer gemacht, Talente und Fähigkeiten des Bewerbers sollten mit den beruflichen Anforderungen übereinstimmen. Meine Interessen ergaben den Beruf der Journalistin oder Juwelierin. Mein Mann sollte Töpfer werden, was kein Wunder war, denn er ist schon immer sehr mit seiner weiblichen Seite verbunden gewesen!

Da standen wir also, die frischgebackenen Geschäftsfrauen, bereit, die Welt im Sturm zu erobern. Wir hatten die Ausbildung, die feste Überzeugung, die Begeisterung und die Energie. Aber ein entscheidendes Teil fehlte uns: der Penis.

Was uns nämlich keiner verraten hatte, war, dass wir wie Männer werden mussten, wenn wir ein Stück vom Kuchen abhaben wollten. Rangordnungen sind eben nicht auf Stöckelschuhen gebaut.

Die Welt war noch nicht bereit, sich mit der ganzen Wucht der weiblichen Stärke zu konfrontieren. Wir hatten zwar Zugang zum Büro, aber nicht zum Vorstand. Wir mussten uns erst beweisen und zeigen, dass wir die Spielregeln einhalten konnten. Dann hätte man uns eventuell eine Führungsposition gewährt, wenn auch nur befristet.

Ich bewarb mich bei Zeitungsverlagen und hatte Glück, dass mir ein aufgeklärter Chef eine Chance geben wollte. Im zarten Alter von 25 Jahren wurde ich von einer Juniorposition in eine leitende Position befördert. Über Nacht stieg ich von einer Telesales-Vertreterin zu einer leitenden Angestellten auf, die für die Verkaufsabteilung zuständig war. In dieser Abteilung arbeiteten größtenteils Männer mittleren Alters, die bereits seit 20 Jahren in der Firma waren und sich sicherlich nicht von einem jungen Grünschnabel herumkommandieren lassen wollten, noch dazu von einer Frau! Es war eine Feuertaufe für mich und es wurde zu meiner Mission, die Jungs mit ihren eigenen Waffen zu schlagen.

Fünf Jahre später litt ich an einem vollständigen Burn-out, meine Ehe war zerrüttet und ich konnte kaum noch in den Spiegel schauen und die Maske ertragen, die mich emotionslos anstarrte. Wie in dem Film *Die Maske* mit Jim Carrey war ich zu der Rolle geworden und hatte mich selbst dabei völlig verloren. Ich habe seitdem viele andere Frauen getroffen, denen es genauso ging. An dem Tag, als mir dieser Zustand bewusst wurde, schwor ich mir, mich nie wieder in eine derartige Situation zu manövrieren.

Während meiner Zeit im Zeitungsverlag hatte ich das Glück, einige von den besten Leadership-Trainings zu erhalten. Ich hätte mir nur gewünscht, dass ich bereits damals schon über das Instrumentarium zur Selbstführungskompetenz verfügt hätte. Mein Leben wäre dadurch sicherlich leichter gewesen.

Gott sei Dank hat ein Wertewandel stattgefunden; viele Frauen können erfolgreich Beruf und Familie unter einen Hut bringen, ohne sich dabei selbst aufzugeben. Während unser Bewusstsein allmählich ins Gleichgewicht kommt und immer mehr Menschen sowohl ihre Yin- (weiblich-empfangenden) als auch ihre Yang- (männlich-aktiven) Qualitäten leben und sich dabei wohlfühlen, wird unser Arbeitsleben zunehmend bereichert.

Noch einmal neu anfangen

Wenn Sie bei Ihrer Tätigkeit keine Freude mehr empfinden, ist das ein Zeichen dafür, dass Sie etwas Neues in Ihrem Leben brauchen. Das könnte eine neue Arbeit sein, eine neue Orientierung oder eine andere Einstellung. Sie merken zunächst nur ein vages Gefühl der Unzufriedenheit. Sie werden es möglicherweise erst beiseiteschieben oder so tun, als ob es nicht existiere, besonders dann, wenn Ihnen die Aussicht auf Veränderung Angst einflößt. Veränderung muss uns jedoch nicht beunruhigen, in Wirklichkeit ist die Veränderung der einzig ständige Begleiter in unserem Leben. Wenn der Zeitpunkt gekommen ist, etwas zu ändern, und Sie halten am Alten fest, kann es sein, dass Ihre Seele nachhilft und Umstände schafft, in denen das Alte nicht mehr funktioniert.

Arbeitslosigkeit ist ein typisches Beispiel. Die Vorstellung, dass sie ihren Job verlieren könnten und damit die vertrauten Gewohnheiten, woran sich der „träge Teil" ihres Gehirns gewöhnt hat, bereitet vielen Menschen große Angst. Hinzu kommt die Vorstellung, auch das Einkommen zu verlieren: So entsteht eine Spirale aus Angst. Wir vernachlässigen unsere aufbauenden Übungen. Wenn wir unser Boot jedoch auf Kurs halten und uns verstärkt durch Meditation und Innenschau mit unserer inneren Weisheit verbinden, kann die Arbeitslosigkeit wie ein Katalysator wirken, wodurch wir unser Leben neu überdenken und uns unseren Träumen zuwenden. Gründen Sie Ihre eigene Firma, arbeiten Sie freiberuflich, gehen Sie auf Reisen oder lassen Sie sich umschulen – Sie wissen ja, Sie brauchen sich nur für den ersten Schritt zu entscheiden!

Die besten Affirmationen in dieser Situation sind die, bei denen es um den Verzicht auf Kontrolle geht. Schließlich hat Ihnen Ihre Seele diese Erfahrung beschert, weil sie einen besseren Weg sieht. Arbeiten Sie mit: „Ich lasse mit Leichtigkeit los und vertraue darauf, dass nur das aus meinem Leben geht, was durch etwas Besseres ersetzt wird." Vertrauen Sie darauf, dass Sie dahin geführt werden, zum richtigen Zeitpunkt das Richtige zu tun. Wenn gut meinende Freunde, Kollegen oder Familienmitglieder versuchen, dieses Vertrauen und diese stille Zuversicht zu sabotieren, indem sie Ihnen von angsteinflößenden Lebenslagen erzählen, ziehen Sie sich sanft aus dem Gespräch heraus und finden Sie wieder zurück in Ihre Mitte. Wenn Sie im Gespräch mit anderen über Ihr Arbeitsleben in einer positiven Weise reden, zeigen Sie ihnen damit gleichzeitig, wie sie die eigenen Ängste zerstreuen und neue Umgangsformen finden können. Denken Sie daran, es ist nicht das Geschehen, das Ihre Zukunft beeinflusst, es sind Sie selbst!

Wenn Sie sich in einem schwierigen Arbeitsumfeld befinden, können Sie eine Menge daran ändern, auch wenn es vermeintlich festgefahrene Situationen sind. Nehmen Sie sich die Zeit und stellen Sie sich Ihre ideale Lebenslage vor. Schicken Sie Liebe zu jedem einzelnen Atom in dieser Situation. Wollen wir unsere Träume verwirklichen, liegt eine wichtige Voraussetzung darin, die Situation, in der wir uns befinden, vollkommen anzunehmen und für sie dankbar zu sein. Fokussieren Sie sich nicht auf das Negative. Tun Sie stattdessen so, als ob Sie bereits das erreicht hätten, was Ihnen bei Ihrer Arbeit wichtig ist. Wenn Sie beispielsweise eine bessere Position erreichen wollen, dann verwenden Sie Affirmationen wie: „Ich liebe meinen neuen Job." Sie müssen jedoch Ihre derzeitige Arbeit auch lieben. Das scheint zunächst der Intuition zu widersprechen, es ist jedoch der schnellste Weg zur Veränderung Ihrer Situation.

Der sicherste Weg zum Leid ist tatsächlich der, eine Arbeitsstelle anzunehmen, die keine Freude bringt, egal ob gut bezahlt oder nicht. Während einer Rezession, in der wenige Arbeitsstellen angeboten werden und die Arbeitslosigkeit hoch ist, kann es schwierig sein, trotzdem irgendwo Chancen zu sehen. Sie fühlen sich vielleicht in die Enge getrieben. Das kann manchmal eine Ausrede dafür sein, dass Sie die Verantwortung für Ihr Leben scheuen. Wenn Sie sich jedoch innerlich klar sind, dass Sie eine Veränderung wollen und alles daran setzen, etwas Positives dabei zu finden, verspreche ich Ihnen, dass sich Ihre Situation verbessern wird. In meinem Leben hatte ich unzählig viele Jobs, die gefühlt nicht meiner wirklichen Bestimmung entsprachen. Dazu gehörten Pflegedienste in einem Altersheim, Essensausgabe in einem Krankenhaus und viele Tipparbeiten für einen Hungerlohn. Einmal verkaufte ich sogar als Huhn verkleidet Schokoladeneier! Aber jeder Job lehrte mich etwas. Ich schaffte es sogar, mitten in einer Rezession eine erfolgreiche Firma aufzubauen. Damit erwies sich auch dieser Mythos als Fehlanzeige.

Eine eigene Firma zu leiten bedeutet, bessere Kontrolle über die eigenen Arbeitspraktiken und die Arbeitsumgebung zu haben. Nutzen Sie diese Chance, den Himmel auf Erden zu schaffen und eine Firma zu gründen, die tatsächlich lediglich durch ihre Einstellung die Welt ein bisschen besser macht. Ändern Sie Ihre

Wortwahl und Sie ändern Ihre Welt und geben dadurch jedem Menschen, mit dem Sie zu tun haben, neue Impulse. Schätzen Sie jeden Kunden und Kollegen wert. In meiner Werbeagentur *Purplefeather* verwenden wir regelmäßig Affirmationen, um unsere Firmenphilosophie und Grundwerte zu prägen und um unsere Ziele für die Woche festzulegen. Anstatt Meetings zu Strategieplanung und Verkaufsförderung zu halten, konzentrieren wir uns auf das, was wir tagtäglich erreichen wollen und stellen uns vor, wie es sich verwirklicht. Gemeinsam mit anderen Kollegen zu visualisieren, ist ein mächtiges Instrument.

Ihre Arbeit sollte Ihre Liebe ausdrücken. Wenn Sie die Arbeit wirklich lieben, spürt und sieht man das sofort. Wenn Sie selbstständig arbeiten, haben Sie die beste Chance, sich den richtigen Rahmen für Ihre Arbeit zu geben. Wenn Sie Bäcker sind, backen Sie jeden einzelnen Kuchen mit aller Liebe. Sie werden um ein Vielfaches besser schmecken! Wenn Sie Rechtsanwalt sind, behandeln Sie jeden mit Würde und Achtung. Arbeiten Sie im Vertrieb und Service, dann strengen Sie sich für den Kunden an und behandeln seine Bedürfnisse wie die eigenen. Nicht weil es erwartet wird, sondern weil es der wahre Ausdruck von dem ist, wer Sie wirklich sind: verkörperte Liebe.

Mit dieser Einstellung leben Sie tatsächlich Ihren Lebenssinn. Man braucht nur etwas Mut und Bereitschaft, sich nach innen zu wenden und auf die Wünsche seines Herzens zu hören. Sie werden sich fragen, warum Sie es nicht schon längst getan haben.

Wofür entscheiden Sie sich?

Ich möchte dieses Kapitel mit einer Geschichte beenden, die ich einmal über einen sehr inspirierenden Restaurateur gelesen habe. Seine Einstellung zeigt, wie wichtig die Erkenntnis ist, dass man immer eine Wahl hat.

Jerry ist einer dieser Menschen, den man liebend gerne hassen möchte – immer positiv, gut gelaunt und fröhlich. Jedes Mal, wenn man ihn fragte, wie es ihm ging, antwortete er immer gleich: „Mir geht es so gut, dass ich mich verdoppeln könnte!"

Als Geschäftsführer eines erfolgreichen Restaurants war er verantwortlich für eine große Belegschaft. Sein Bedienpersonal schien immer motiviert und zufrieden zu sein. Nach seiner Motivationsmethode gefragt, erwiderte er: „Ganz einfach. Jeden Morgen beim Aufwachen sage ich mir: Okay Jerry, du hast heute zwei Möglichkeiten – entweder du entscheidest dich, gut gelaunt zu sein oder eben schlecht gelaunt. Jedes Mal, wenn etwas Schlimmes passiert, habe ich die Wahl, mich als Opfer zu fühlen oder etwas aus der Situation zu lernen. Wenn sich jemand bei mir beschwert, kann ich seine Beschwerde entweder akzeptieren oder versuchen, der Person eine positive Perspektive zu vermitteln. Nur ich allein entscheide, wie ich reagiere. Und ich entscheide mich jedes Mal für die positive Variante."

Eines Morgens machte Jerry jedoch einen Fehler. Er hatte den Hintereingang des Restaurants nicht abgeschlossen. Plötzlich standen drei bewaffnete Männer vor ihm und zwangen ihn mit vorgehaltener Waffe, den Safe zu öffnen. Beim Versuch, die Zahlenkombination einzugeben, rutschte seine zittrige Hand aus, die Einbrecher reagierten mit Panik und schossen auf ihn. Jerry hatte Glück, er wurde schnell gefunden und sofort ins Krankenhaus gebracht. Nach einer 18-stündigen OP und wochenlanger Intensivpflege wurde er nach Hause geschickt. Er hatte immer noch Teile der Kugeln in seinem Körper. Als er dann gefragt wurde, wie es ihm ging, war seine Antwort ein wenig anders: „Mir geht es so gut, dass ich mich verdoppeln könnte! Wollt ihr meine Narben sehen?"

Einige Monate später wurde er gefragt, was ihm während des Überfalls durch den Kopf gegangen sei:

„Als Erstes dachte ich, ich hätte den Hintereingang verschließen sollen. Als ich dann am Boden lag, bemerkte ich, dass ich immer noch eine Wahl hatte – zu leben oder zu sterben. Ich entschied mich für das Leben. Die Rettungssanitäter waren großartig, sie sagten mir permanent, es ginge mir gut. Als ich jedoch in die Notaufnahme gerollt wurde, sah ich die besorgten Gesichtsausdrücke der Ärzte. Ich bekam plötzlich Angst. Sie hatten bereits entschieden, dass ich ein toter Mann sei. Ich wusste, ich müsste etwas dagegen tun. Als eine korpulente Krankenschwester mich fragte, ob ich gegen etwas allergisch sei, holte ich tief Luft und brüllte ‚Ja!'. Alle hörten auf zu arbeiten. ‚Gegen Kugeln!' Sie lachten alle. Ich teilte ihnen mit, dass ich mich für das Leben entschieden hatte und sie sollten mich so operieren, als ob ich am Leben sei und beileibe noch nicht tot!“

Jerry überlebte nicht nur wegen der Professionalität seiner Ärzte, sondern auch aufgrund seiner Einstellung. Man hat immer eine Wahl. Das größte Geschenk, das man anderen geben kann, ist der Beweis, dass das eigene Leben funktioniert. Folgen Sie also Ihren Träumen und glauben Sie nie, dass Sie bereits alle Antworten kennen. Sie werden staunen, wohin Sie das führt!

6.

Wie wandle ich meine Beziehungen?

„Vergebung ist der Duft,
den das Veilchen ausströmt,
wenn es zertrampelt wird.“

Mark Twain

Wir gehen mit jedem und allem eine Beziehung ein. Ich habe eine Beziehung zu meinem Mann, meinen Stieftöchtern, meiner Familie und meinen Freunden, zum Hund, zum Schreibtisch, zum Himmel, zu den Bäumen, zu meinen Kollegen, zu der Frau, die im Supermarkt um die Ecke an der Kasse sitzt, und natürlich zu allen anderen Menschen, denen ich zwar nicht täglich begegne, die dennoch einen wesentlichen Teil meines Lebens ausmachen. Die Busfahrer, die Energielieferanten, die Bauern, die Banker, die Angestellten, die Einzelhändler ... Sie wissen, was ich meine. Wir vergessen sehr leicht, dass wir alle miteinander verbunden sind.

Shakti Gawain schreibt in ihrem inspirierenden Buch *Stell dir vor: Kreativ visualisieren*:

„Die Menschen, mit denen wir in Beziehung stehen, sind uns immer ein Spiegel, der unsere eigenen Glaubenssätze widerspiegelt. Gleichzeitig sind wir für die anderen auch ein Spiegel. Die Beziehung zu einem anderen Menschen ist eines der stärksten Instrumente für das eigene Wachstum; wenn wir uns ehrlich mit unseren Beziehungen auseinandersetzen, können wir sehr gut erkennen, wie wir sie selbst erschaffen haben."

Thomas von Kempis fordert uns in *Das Buch von der Nachfolge Christi* dazu auf, „das in uns selbst zu überwinden, was uns am anderen am meisten stört."

Diese Aussagen stellen unsere gewohnten, vorgefassten Meinungen über Beziehungen völlig auf den Kopf, denn die Verantwortung für jede Beziehung soll eindeutig bei uns selbst zu suchen sein.

Eines meiner beliebtesten Zitate ist:

„Gott gib mir die Gelassenheit, die Menschen, die ich nicht ändern kann, zu akzeptieren, den Mut, den Menschen zu ändern, den ich ändern kann und die Weisheit zu wissen, dass ich selbst es bin."

Zum Kern einer Beziehung vorzudringen, erfordert absolute Objektivität. Das fällt uns ausgesprochen schwer, wenn unsere tiefsten Gefühle im Spiel sind. Wir müssen vollkommene Verantwortung übernehmen für jeden Aspekt der Beziehung, wie sie funktioniert oder eben nicht. Wenn die Beziehung schwierig ist, muss man sich fragen, woran das liegt. Wo werden Ihre Bedürfnisse nicht erfüllt? Was macht Sie unglücklich? Schauen Sie sich an, wie Sie selbst zu dem Problem beitragen und wie Sie davon profitieren, dass es Ihnen schlecht geht. Jede unserer Lebenslagen wird durch einen Bedarf verursacht, sonst würden wir sie nicht erschaffen. Was würde geschehen, wenn Sie sich von dem Bedarf nach Unzufriedenheit in Ihrer Beziehung verabschieden?

Wenn wir uns wirklich auf die Verbindungen, die wir zu anderen Menschen haben, einlassen, entdecken wir grundlegende Emotionen wie Angst, Wut, Misstrauen, Eifersucht, Verachtung und Schuldgefühle. Unsere ersten Beziehungen werden in unserer Familie geprägt und viele tragen ihre unerlösten Themen bis ins Erwachsenenalter mit sich herum. Wenn wir ein Vaterproblem haben, dann werden wir höchstwahrscheinlich bei unserem Partner erneut nach seiner Anerkennung suchen. Die Konkurrenz unter Geschwistern wird sich auch in Freundschaften widerspiegeln. Bei der Erziehung unserer eigenen Kinder wiederholen wir unbewusst die Muster unserer Eltern.

Die Beziehungsexpertin Sondra Roy behauptet, dass wir solange genau die Beziehungen anziehen, die die Interaktion mit unseren Eltern widerspiegeln, bis wir dazu bereit sind, die Themen dieser ersten Bindung zu bearbeiten und zu heilen. Wenn wir uns dazu bereits heute entscheiden, dann sparen wir uns unter Umständen sehr viel Zeit.

Vergeben Sie den Menschen und der Vergangenheit

Sie müssen sich weder von Menschen noch von der Vergangenheit beherrschen lassen. Es geht nicht darum, ein verletzendes Verhalten zu vergeben, sondern nur darum, nicht mehr an den Dornen festzuhalten. In dem *Kurs in Wundern* bedeutet Vergebung, unsere blockierte Wahrnehmung der allgegenwärtigen Liebe aufzulösen. Es ist erstaunlich, wie viel Energie freigesetzt wird, wenn wir vergeben. Genauso wichtig ist es, sich selbst für vergangene Fehler zu vergeben. Auch wenn Sie das Gefühl haben, dass Sie etwas „Unverzeihliches" getan haben, denken Sie daran, dass Sie, wie jeder andere auch, zum damaligen Zeitpunkt nur das Beste versucht haben.

Wenn Sie sich etwas Zeit nehmen können, in der Sie nicht gestört werden, schreiben Sie einmal die Autobiografie Ihrer Beziehungen. Fangen Sie mit Ihrer engsten Familie an, gehen weiter zu den Freunden in der Kindheit, in der Schulzeit, bis hin zur Großfamilie. Dann machen Sie sich Gedanken über Ihre Beziehungen als Erwachsener, zu Freunden und zu Kollegen. Als nächstes könnte die Familie Ihres Partners kommen, dann die eigenen Kinder oder die Enkel. Schauen Sie sich die Verbindungen zwischen Ihnen und all diesen Menschen an. Wie traten sie in Ihr Leben? Wie fühlen Sie sich mit ihnen? Wo liegen die Stärken und Schwächen in Ihren Beziehungen? Worin liegen die Spannungen, worin die Übereinstimmungen? Wie viele von diesen Menschen spiegeln die Beziehung wider, die Sie zu Ihren Eltern oder Erziehungsberechtigten hatten?

Wahrscheinlich wurden Sie in Ihrem bisherigen Leben genauso verletzt wie Sie selbst auch verletzt haben – das gehört alles zu unserem Wachstumsprozess. Schreiben Sie parallel zu Ihrer Autobiographie eine Liste von allen Menschen, von denen Sie jemals verletzt oder enttäuscht wurden und notieren Sie dazu, was sie gesagt oder getan haben. Schließen Sie auch sich selbst ein, wenn Sie das Gefühl haben, dass Sie sich selbst niedergemacht haben. Stellen Sie sich dann vor, wie Sie diesen Menschen einzeln gegenübersitzen und darüber sprechen, wie Sie sich fühlen. Wenn Sie die negativen Empfindungen ausgedrückt haben und bereit sind, die Emotion loszulassen (das kann etwas dauern), sagen Sie, dass es Ihnen leid tut und dass Sie sie lieben. Visualisieren Sie, wie Sie die Situation himmelwärts entlassen. Wenn Sie am Schluss der Liste angekommen sind, schreiben Sie quer darüber: „Ich bin bereit zu vergeben und loszulassen." Danach zerreißen oder verbrennen Sie die Liste. An diesem Punkt fühlen sich die meisten Menschen bereits wesentlich entspannter und leichter.

Es mag etwas länger dauern, den Menschen zu vergeben, die Ihnen am nächsten stehen. Aber die Mühe lohnt sich, da sie die Auflösung auf einer energetischen Ebene spüren werden. Roberto Assagioli sagte einmal: „Wenn Freude anwesend ist, ist Krieg unmöglich." Stellen Sie sich vor, dass das wahr ist, sowohl innerhalb als auch außerhalb des Körpers.

Um Freude zu erfahren, muss man sich ihr öffnen – man muss wach und mit all seinen Sinnen im gegenwärtigen Moment sein und darf sich nicht in Gedanken über das verlieren, was passiert ist oder was passieren könnte. Normalerweise leben wir nicht in dieser Geisteshaltung, deshalb müssen wir uns darin üben, gegenwärtig zu sein, auch mit uns selbst. Das ist ein wesentlicher Teil der Heilung. Wir müssen uns von der Vergangenheit und der Zukunft losgelöst haben, bevor wir gegenwärtig genug sein können, um zu erkennen, was in unseren Beziehungen geschieht.

Wenn ich draußen in der Natur bin, muss ich mich manchmal daran erinnern, mit dem Grübeln aufzuhören. Ich arbeite zu Hause und mache deshalb regelmäßig eine Pause, um spazieren zu gehen. Dabei kaut mein Gehirn oft an einem imaginierten

Problem. An erleuchteten Tagen fällt es mir leicht, das abzustellen. Ich sitze dann angelehnt an einem Baum, spüre die Luft und sauge das Vogelgezwitscher auf. Das hilft mir, in die Gegenwart zu kommen, in der alle Lösungen enthalten sind. Stimuliert und eingenommen von der Umgebung, den Geräuschen und Gerüchen, löse ich meine Gedanken von den Sorgen. Bis ich wieder zu ihnen zurückkehre, haben sie sich gewöhnlich aufgelöst. Oder ich kehre aufgetankt an meinen Computer zurück, um plötzlich eine Nachricht von jemandem vorzufinden, der mir seine Hilfe anbietet. Wunder können jeden Tag geschehen!

Eine andere Möglichkeit, den gegenwärtigen Moment bewusst wahrzunehmen, ist die Achtsamkeit: Seien Sie bewusst aufmerksam und urteilen Sie nicht. Multitasking kann den Stress erhöhen, wohingegen der Geist zur Ruhe kommt und die Sinne geschärft werden, wenn Sie Ihre Aufmerksamkeit auf eine einzige Aufgabe lenken.

Wenn Sie diese nicht-wertende Haltung sich selbst und anderen gegenüber einnehmen, löst es den Knoten in Beziehungen und die Menschen zeigen sich von ihrer besten Seite. Auch wenn sie es nicht tun, Sie ihnen jedoch in Stille Wohlwollen entgegensenden und sie liebevoll behandeln, wird es ihnen schwerfallen, sich lange weiterhin schlecht zu benehmen.

Tun Sie so als ob ...

Wenn Sie sich dabei ertappen, an negativen Gedankenspiralen festzuhalten, ob über sich selbst oder andere, dann tun Sie so, als ob Sie inneren Verkehr lenken müssten und halten Sie diese Gedanken an. Denken Sie nun an das Gegenteil, formulieren Sie im Präsens und laden Sie die Gedanken mit so viel Leidenschaft wie möglich auf. Wiederholen Sie sie, bis es sich für Sie glaubhaft anfühlt. Wenn Sie beispielsweise im Stau stecken und Ihr negativer Gedanke lautet „Ich werde nie pünktlich ankommen", dann halten Sie ihn an und ersetzen Sie ihn durch „Ich komme immer entspannt und zur rechten Zeit an". Verhalten Sie sich so, als ob es wahr sei. Sagen Sie sich den Satz laut vor, wenn Ihnen danach ist und genießen Sie es. Machen Sie sich keine Gedanken über die Person auf dem Beifahrersitz, die vielleicht denkt, dass Sie einen Knall haben. Ich bin sicher, Ihre Fahrt wird entspannter und die Hindernisse verschwinden wie von Zauberhand.

Eine Teilnehmerin in einem meiner Kurse wollte diese Technik direkt bei ihrem Chef anwenden. Sie hatten bislang ein sehr schwieriges Arbeitsverhältnis. Sie veränderte ihr Verhalten ihm gegenüber und tat so, als ob er sie tatsächlich schätzte. Nach ein paar Wochen stellte sie überrascht fest, dass er tatsächlich begonnen hatte, sie anders zu behandeln. Einige Monate später wurde sie sogar auf seine Empfehlung hin befördert.

Wenn wir andere für unsere Probleme verantwortlich machen, geben wir dadurch unsere Macht ab. Da ich einmal eine Missbrauchsbeziehung mit einem trockenen Alkoholiker hatte, kann ich sehr gut verstehen, dass eine Opfermentalität im Grunde nur Abhängige anzieht. Je eher wir die Verantwortung für alles in unserem eigenen Leben übernehmen, desto schneller können wir es ändern. In einer solchen Beziehung ist es manchmal das Liebevollste, das wir machen können, uns zu trennen und einen Ort zu finden, an dem wir Heilung erfahren. Das gilt für beide Parteien. Wenn Sie wirklich daran arbeiten, sich selbst zu lieben, kann sich die Missbrauchsbeziehung verändern oder Sie finden einen Weg, sich daraus zu lösen.

Betrachten Sie Ihren Partner als besten Lehrer und treffen Sie Ihre Entscheidungen aus der Liebe, nicht aus Angst. Akzeptieren Sie, dass alles, was Sie an Ihrem Partner stört, eigentlich ein Teil von Ihnen ist, den Sie ablehnen. Schauen Sie tiefer und blicken Sie hinter die Fassade, wenn Sie mit anderen zu tun haben. Jeder kämpft mit seinem Schmerz.

Zurückblickend kann ich nur sagen, dass jede Krise, die ich erleben musste, für mein Wachstum wichtig war. Es war alles vollkommen, obwohl ich zu dem Zeitpunkt sofort in den Widerstand ging. Wenn man mir damals gesagt hätte, dass meine schwierige Partnerschaft mir Dinge über mich selbst sagen wollte, für die ich zu dem Zeitpunkt noch nicht bereit war, oder dass meine gesundheitlichen Probleme mich anspornen würden, dieses Buch zu schreiben, hätte man sicherlich etwas von mir zu hören bekommen!

Ihre wichtigste Beziehung

In einer Gesellschaft, in der das Verliebtsein als Leistung angesehen wird, kann man sich leicht unter Druck gesetzt fühlen, sich die „andere Hälfte" zuzulegen, um dann endlich als vollständig gelten zu dürfen. Das zunehmende Angebot von Partnervermittlungsagenturen, Online-Ehevermittlungsinstituten, Eventabenden für Singles, Büchern und Kursen über die Kunst, den Seelenpartner anzuziehen, deutet bereits auf unsere Besessenheit nach Partnerschaft hin.

Scheidungsraten steigen dennoch weiterhin, Eheverträge sind gang und gäbe und das Geschäft mit der Paarberatung boomt. Wo liegt hier nur das Problem?

Es kann sich lohnen, die Motive für die Suche nach einem Partner genauer unter die Lupe zu nehmen. Flucht und Bindung sind zwei der häufigsten Gründe. Vielleicht wollen wir uns nicht selbst konfrontieren und verstecken uns lieber hinter dem Partner oder hängen uns an ihn an. Beides endet sicherlich in einer Desillusionierung – über uns selbst und über den Partner. Flucht und Bindungswunsch basieren nämlich auf Unsicherheit und Illusion. Wenn wir glauben, dass wir uns gegenseitig brauchen, dann gehen wir davon aus, dass wir allein und auf uns selbst gestellt nicht vollkommen sind und öffnen uns dadurch für den Mangel, die Angst und die Aufgabe unserer Freiheit. Nur wenn wir frei sind und selbst entscheiden können, sind wir auch wirklich zufrieden.

Das Schwere daran ist, dass echte Zufriedenheit miteinander nur dann erreicht wird, wenn Sie sich in der Beziehung zu sich selbst völlig wohlfühlen. Die wirkliche Erfüllung finden wir nur dann, wenn wir unsere Abhängigkeiten aufgeben und unsere Vollkommenheit erkennen und annehmen. Paradoxerweise ziehen wir erst dann die Menschen an, mit denen wir harmonisieren und uns verbunden fühlen.

Die eigene Geschichte verändern

Bei unseren Beziehungen zu Menschen, Plätzen, Objekten und Ereignissen geht es im Grunde um die Geschichten, die wir uns selbst erzählen. Wir konstruieren eine Wirklichkeit, die auf unseren Glaubenssätzen basiert. Projizieren wir diese empfundene Wirklichkeit dann auf eine Situation, erhalten wir auch die erwarteten Ergebnisse (Sie wissen ja, Gedanken erschaffen die Realität). Demnach fühlen wir uns in unseren Glaubenssätzen bestärkt und empfinden sie als wahr. So setzt sich der Kreislauf immer fort. Andere Menschen erleben dieselbe Situation oder Person abhängig von ihren „Filtern" völlig anders. Mit den Worten von Charles Lamb: „Wir sehen die Welt nicht so, wie sie ist, sondern so, wie wir sind."

Dieses Prinzip wurde mir sehr deutlich vor Augen geführt, als ich zusammen mit meinem Mann Seth eine Geschäftsreise nach Edinburgh antrat. Wir mussten zu unterschiedlichen Meetings, aber in der gleichen Stadt und zur gleichen Uhrzeit. Um dorthin zu kommen, mussten wir mit dem Auto fahren, zu Fuß gehen und eine Strecke mit dem Zug fahren.

Als morgens der Wecker klingelte, blieb ich noch bewusst ein paar Minuten liegen und stellte mir voller Freude den bevorstehenden Tag vor. Ich sah mich rechtzeitig ankommen, entspannt und gut vorbereitet auf die Besprechung. Ich stellte mir vor, wie sie gut verlief, mit positiven Ergebnissen. Ich sah mich die Rückfahrt zufrieden und entspannt antreten.

Seth hingegen sprang aus dem Bett, warf einen nervösen Blick auf den Wecker, grabschte eilig seine Klamotten und wirbelte aus dem Schlafzimmer.

Nach dem Frühstück stiegen wir ins Auto. „Los, los, wir verpassen sonst noch den Zug." Ich verstand seine Hektik nicht, denn wir hatten genug Zeit, um gemütlich zum Bahnhof zu fahren und einen Parkplatz zu finden. Seth fluchte leise vor sich hin, als er wie ein Geistesgestörter aus der Einfahrt fuhr. Gewöhnlich begegneten uns auf dem Weg zum Bahnhof, der nur fünf Minuten dauerte, ein paar Fasanen, ein Bauer, ein oder zwei Autos und eine Handvoll Schulkinder. An diesem Morgen mussten wir jedoch am Straßenrand anhalten, um eine Autokolonne vorbeizulassen, eine Herde Kühe, eine Busladung mit Schulkindern und einen Traktor! Wir brauchten 15 Minuten, um zum Bahnhof zu kommen.

Als wir uns dem normalerweise leeren Parkplatz näherten, jammerte Seth mir vor, dass wir nie einen Parkplatz finden würden. Wie erwartet war der Parkplatz voll. „Verdammt, jetzt werden wir nie einen Sitzplatz im Zug ergattern!", explodierte er, als wir das Auto irgendwo an der Straße parkten und zum Bahnsteig rannten.

Mittlerweile hatte ich zwei freie Sitzplätze nebeneinander im dritten Waggon visualisiert und bahnte mir ruhig den Weg dorthin. Seth war noch dabei, sich bis zum zweiten Waggon durchzukämpfen, zusammen mit dem Rest der Bevölkerung, wie mir schien.

Ich fand unsere beiden Plätze, machte es mir gemütlich und belegte den zweiten Sitz mit meiner Aktentasche. Ich wartete auf den Wirbelwind. Ein paar Minuten später platzte er mit einem verwirrten Gesichtsausdruck durch die Tür.

Obwohl er natürlich viel zu stolz war, mich danach zu fragen, wie ich zwei Sitzplätze in einem überfüllten Zug ergattern konnte, wusste ich, dass er sehr neugierig darauf war. Etwas später sagte ich ihm, ich müsse beim Umsteigen in den Anschlusszug noch kurz bei der Bank vorbei. „Dazu wirst du keine Zeit haben, wir werden den Zug nach Edinburgh verpassen und ich komme zu spät zum Meeting."

Mittlerweile war ich sehr genervt und wies ihn darauf hin, dass er mir auf den Wecker ging und gleichzeitig seine Realität negativ programmierte. Ich muss dabei gerechterweise zugeben, dass mein Mann Dinge, die nicht zu ändern sind, gnädigerweise akzeptiert, und wir konnten unsere Reise ohne weitere Störungen fortsetzen. Wir schafften es sogar, unseren Anschlusszug ohne Eile zu erreichen, sogar mit dem Umweg über die Bank. In Edinburgh kamen wir entspannt und zufrieden an.

Mit diesem Vorfall will ich nicht beweisen, dass ich dem negativen Denken nicht verfallen bin. Im Gegenteil, ich erwische mich immer wieder dabei. Diese Geschichte ist nur ein Beispiel dafür, dass ich an dem Tag besonders bewusst und präsent war. Ich bin sicher, Sie können auch über viele ähnliche Situationen aus Ihrem Leben berichten.

In Wahrheit sind Sie die einzige Person, die ihren Geist steuern kann. Dadurch werden Sie zu dem Geschichtenerzähler. Wenn Sie sich permanent verhängnisvolle, trübe Geschichten ausmalen und sich selbst mit Vorstellungen darüber, was Schlimmes passieren könnte, Angst einjagen, dann erleben Sie voraussichtlich auch ein böses Ende. Wenn Sie sich allerdings geistig disziplinieren und sich ein Märchen ausdenken, dann wird das zu Ihrer Realität. Das ist ein weiterer Fall von „Ändere deine Worte und du änderst deine Welt".

7.

Wie ziehe ich Wohlstand an?

„Fleiß ist die Mutter des Glücks."

Benjamin Disraeli

Es gibt in der Wirtschaftswelt zwei Worte, die das Geheimnis finanziellen Reichtums ausdrücken: Interesse und Dankbarkeit. Wenn wir das Interesse am Erwerb von Reichtum fördern und eine Haltung des Überflusses kultivieren, indem wir dankbar sind für das, was wir bereits besitzen, dann sind wir schon halbwegs bessergestellt. Klingt das zu einfach? Ich bin selbst noch nicht reich, aber ich weiß aus eigener Erfahrung, dass es funktioniert.

Ich war einmal praktisch bankrott und kenne die Panik, nicht genügend Einnahmen zu haben, um die Ausgaben zu decken. Als ich damit begann, meine finanzielle Wirklichkeit und Einstellung zu verändern, fühlte es sich so an, als ob ich mit Rollschuhen bergauf fahren wollte und mir dabei jemand von oben Felsbrocken entgegenschleuderte. Jedes Mal, wenn ich dachte, ich käme voran, geschah etwas, was mich irritierte und ich schlitterte den Hang wieder hinunter. Ich brauchte tatsächlich Jahre, um mein eingebranntes Armutsdenken abzulegen.

Wir alle kennen Menschen, die äußerlich sehr erfolgreich sind, jedoch immer noch nicht genug haben. Sie legen selten, wenn überhaupt, eine Pause ein, um die Früchte ihrer Arbeit zu genießen. Sie ackern einfach weiter bis zu einem Herzinfarkt oder einem anderen lebensbedrohlichen Umstand. Sie wollen zwar Wohlstand, aber es fehlt ihnen an Wertschätzung sich selbst gegenüber und für das, was sie erreicht haben. Ihr Mangel an Selbstwertgefühl spornt sie dazu an, unermüdlich Reichtum anzuhäufen, bis ihr Körper irgendwann streikt.

Im Gegenzug gibt es Menschen, die Geld mit Leichtigkeit anziehen, die jedoch sehr verschwenderisch damit umgehen. Sie genießen es natürlich, Geld zu haben, sind aber nicht daran interessiert, es anzuhäufen oder daran festzuhalten. Sie wissen, dass es ihnen weiter zufließt. Das scheint oberflächlich betrachtet die gesündere Einstellung zu sein, wobei die meisten von diesen Menschen, die ich kenne, von einer Erfahrung zur nächsten driften und dabei eine allgemeine Unzufriedenheit empfinden.

Unsere Eltern oder die Erwachsenen, die uns erzogen haben, haben das Fundament für unser Glaubenssystem zum Thema Wohlstand gelegt. Hier eine interessante Übung dazu: Auf ein großes Blatt Papier werden alle Dinge aufgeschrieben, die Sie während Ihrer Kindheit über Geld gehört und gelernt haben. Das kann etwas sein, dass Sie aufgeschnappt oder erlebt haben. Es können auch Meinungen sein, die Ihre Familie als selbstverständlich annahm, beispielsweise: „Geld fällt nicht vom Himmel." Probieren Sie diese Übung, Sie könnten völlig überraschend einen Glaubenssatz aufdecken, den Sie geerbt haben und der Sie daran hindert, den Reichtum in Ihr Leben zu lassen, den Sie verdient haben. Bei dieser Übung musste ich zu meiner Überraschung feststellen, dass ich die tief sitzende Überzeugung in mir hatte, ich würde nur zu Geld kommen, wenn ich in einem „anständigen Beruf" hart arbeitete. Und dieser Glaubenssatz hinderte mich daran, im Bereich der Heiltherapien, für den ich mich entschieden hatte, auch erfolgreich zu sein. Ich habe jetzt die nötigen Änderungen vorgenommen und es fällt mir viel leichter, mein Fachwissen und meine Erfahrung wertzuschätzen.

Den eigenen Wert würdigen

Während meiner mühevollen Exkursion über den rutschigen Hang entdeckte ich eine wichtige Lebensweisheit: Es ist entscheidend, den finanziellen Status vom eigenen Selbstwert zu trennen. Wenn Sie entdecken, dass Ihr Kontostand im Minus ist, sind Sie *nicht* automatisch ein schlechter Mensch. Es wird auch *kein* Dauerzustand bleiben, wenn Sie bereit sind, die notwendigen Schritte einzuleiten, um Geld anzuziehen!

Ein anderer Trick besteht darin, so zu tun, als ob Geld kein Problem wäre. Damit meine ich nicht falsche Angaben zu machen oder sich wie ein Millionär zu benehmen und die Kreditkarte absichtlich zu überziehen, auch wenn es noch so verlockend wäre! Ich meine vielmehr die Gewissheit und die innere Überzeugung zu haben, dass das Universum uns versorgen wird. Es beginnt mit der aufrichtigen Anerkennung dessen, was wir bereits besitzen, bis hin zur Anwendung von Affirmationen über unsere finanzielle Wunschvorstellung.

Eine Affirmation, die ich regelmäßig verwende, lautet: „Der Wohlstand kommt zu mir aus unerwarteten Quellen." Seitdem ich täglich damit arbeite, habe ich eine Steuerrückzahlung erhalten, eine unerwartete Erstattung von meinem Stromanbieter und zusätzliche Einnahmen aus Mehrarbeit, die sich plötzlich aus heiterem Himmel ergab. Jemand hat seine Schulden, die ich schon längst vergessen hatte, bei mir beglichen und ich gewinne regelmäßig Preise bei Gewinnspielen. Aber seien Sie vorsichtig, man sollte präzise sein bei der Formulierung. Meine Gehaltsüberweisungen, also Geld aus einer regelmäßigen Quelle, fingen an zu stocken, bis ich meine Affirmation zu „aus erwarteten und unerwarteten Quellen" abänderte!

Ein anderes Mal hatte ich „Fülle in allen Dingen" affirmiert und diese Woche in meinem Leben wurde tatsächlich sehr stressig. Mein Arbeitspensum verdoppelte sich, überall Papierkram, das Telefon stand nicht mehr still. Die Hündin litt auf einmal an einer Scheinschwangerschaft, woraufhin wir alle in leichte Panik verfielen. Es regnete dermaßen in Strömen, dass alle Abflusskanäle überliefen. Dann hatten sich meine Freunde und Familie zufällig alle gleichzeitig entschlossen, mich zu besuchen, sodass wir schließlich viel zu viel Essen übrig hatten. Ich verstaute es in der Speisekammer, ganz zum Entzücken der Mäuse, die sich unerwartet um ein Vielfaches vermehrten. Seien Sie also vorsichtig bei dem, was Sie sich wünschen!

Die Fülle im Leben zulassen

Das, worauf Sie sich konzentrieren, wird gewürdigt. Das, was Sie würdigen, steigt im Wert, weil Energie dort zu fließen beginnt, wo Sie Ihre Aufmerksamkeit hinlenken. Bei finanziellen Schwierigkeiten ist es vernünftig, sich keine Sorgen über unbezahlte Rechnungen oder Geldmangel zu machen. Sich Sorgen zu machen ist sinnlos. Ich dachte immer, dass uns unsere Großmütter diesen Rat gegeben hatten, um uns zu beruhigen. Aber im metaphysischen Sinne ist das sinnvoll. Wenn wir uns Sorgen machen, fokussieren wir uns auf das, was wir vermeiden wollen. Wenn unsere Gedanken unsere Realität erschaffen, dann erhalten wir genau diese. Lenken Sie Ihre Aufmerksamkeit weg von dem, was Sie nicht erleben wollen – das fühlt sich möglicherweise so an, als ob Sie eine Horde wilder Pferde zügeln wollten – und konzentrieren Sie sich völlig auf Ihr gewünschtes Ergebnis. Wenn wir auch nur einen Bruchteil unserer Energie, die wir für die Sorgen aufwenden, positiv umlenken können, dann werden Sie sich wundern, mit welcher Kraft sich unsere neuen Gedanken manifestieren werden.

Meine Business-Mentorin benutzt die Erinnerungsfunktion ihres Handys, um sie an ihren Sinn für Fülle zu erinnern und um dafür zu sorgen, dass ihre Geldmittel im Fluss bleiben. Bei ihr zu Hause liegt ein Stapel Servietten in Sichtweite, der tatsächlich wie 50 Euroscheine aussieht! Sie lädt regelmäßig Freunde zum Abendessen ein und hat dabei die Häufchen „Geldscheine" an strategisch gut sichtbaren Stellen im Haus verteilt. Die erste Reaktion ihrer Gäste auf ihre Laissez-faire-Einstellung zum Geld ist sehr unterschiedlich. Einige sind entsetzt und finden es sehr prahlerisch. Andere meinen, sie sei naiv oder nachlässig. Nur wenige sind tatsächlich beeindruckt von ihrem offensichtlichen Reichtum. Wenn die Gäste die Wahrheit erfahren, sind die meisten jedoch von der Genialität dieser Idee beeindruckt. Viele haben sich anschließend selbst solche Dinge zur Erinnerung ausgedacht. Dies ist ein interessantes Beispiel für unsere tief sitzende Einstellung zum Geld.

Unsere Stellung im Leben ist eng mit unserer Grundhaltung gegenüber unserem eigenen Wert verbunden. Wenn wir ein positives Ereignis anziehen, aber das Gefühl haben, wir würden es nicht verdienen, dann sabotieren wir uns selbst und können es nicht genießen. Ich habe viele Menschen aus unterschiedlichen Gesellschaftsschichten, ob arm oder reich, kennengelernt. Dabei zeigt sich als allgemeingültige Wahrheit, dass es an ihrem Armuts- oder Wohlstandsbewusstsein liegt, weshalb Menschen in ihrem gesteckten Rahmen verharren (es sei denn, sie entscheiden sich, etwas zu ändern).

Es ist nicht entscheidend, wie viel Geld Sie haben; wenn Sie das Gefühl haben, dass Sie sich in einer Sackgasse befinden und keine Alternative sehen, dann leiden Sie an Armutsbewusstsein. Geld, genauso wie Emotionen, ist eine Energie, die fließen muss. Menschen, die erfolgreich ein Wohlstandsbewusstsein entwickelt haben, wissen darum, dass es nur eine Quelle der Fülle gibt: das Universum. Es ist ein riesiges Lagerhaus des Reichtums. Allein durch unsere einschränkenden Glaubenssätze behindern wir unseren Zugang dazu. Forschungsberichte über Lottogewinner zeigen, dass sie innerhalb von zwei Jahren häufig wieder zu ihrer ursprünglichen finanziellen Situation (oder einer noch schlechteren) zurückkehren. Es sei denn, sie verändern ihr Bewusstsein!

Was ist Ihr Wert?

Hier ist eine interessante Übung für Sie: Stellen Sie sich vor einen Ganzkörperspiegel und fragen Sie sich, wie viel Sie jährlich verdienen dürfen. Beginnen Sie mit dem Minimum, das für Sie akzeptabel ist. Verdoppeln Sie es kontinuierlich, indem Sie sagen: „Ich bin es wert, jährlich (Betrag einsetzen) zu verdienen." Achten Sie dabei die ganze Zeit auf Ihre Körpersprache. Sie werden bald an einen Betrag kommen, bei dem Sie sich unwohl fühlen. Sie merken vielleicht, dass Sie sich nicht mehr in die Augen sehen können, wenn Sie den Satz sagen. Oder Sie fühlen sich in Ihrem Körper unwohl und wollen sich bewegen oder wegdrehen. Wenn Sie bei diesem Betrag angelangt sind, verringern Sie ihn allmählich wieder, bis Sie sich wohlfühlen. Sie haben dann Ihre finanzielle Wohlfühlebene erreicht. Und Sie können Gift darauf nehmen: Wenn Sie auf Ihren Verdienst der letzten Jahre zurückblicken, werden Sie feststellen, dass Sie es sich „erlaubt" haben, genau diesen Betrag zu verdienen!

Die gute Nachricht ist, dass wir diese Zahl ändern können – wenn wir bereit sind, die Wohlfühlbarriere aufzuheben. Setzen Sie Ihre Zweifel für eine Weile einmal außer Kraft und beenden Sie die Rechnerei, wie Sie Ihre Einnahmen erhöhen können. Es liegt nicht an Ihnen, sich darüber Sorgen zu machen. Wenn Sie Ihre Glaubenssätze zum Thema Verdienst ändern können und davon überzeugt sind, dann kümmert sich das Universum um die Details. Der Trick liegt darin, Ihre finanzielle Wohlfühlebene als Thermostat zu verstehen. Wie beim Heizungssystem oder bei der Aircondition im Büro oder zu Hause – jeder Raum hat ein Thermostat, mit dem Sie die Temperatur regulieren können. Wenn die entsprechende Temperatur erreicht ist, schaltet sich das Thermostat ab. Ihr Geldthermostat funktioniert genauso und reguliert damit Ihren Verdienst.

Holen Sie jetzt tief Luft und schauen Sie sich in die Augen. Mit aller Überzeugung verkünden Sie, dass Sie es verdienen, zehn Prozent mehr als im letzten Jahr zu verdienen. Wenn es sich gut anfühlt, dann steigern Sie auf zwanzig Prozent und so weiter, bis Sie Ihre neue Wohlfühlebene erreicht haben. Hören Sie auf, wenn es Ihnen reicht, aber versprechen Sie sich, diese Übung jeden Tag zu wiederholen, bis Sie das Gefühl haben, dass Sie

Ihr Thermostat höher eingestellt haben. Es wird mit jedem Mal leichter und Sie werden sich auch mit Ihrem Wert immer besser fühlen. Beobachten Sie dann, wie sich Ihre Finanzen auf wundersame Weise reorganisieren!

Wenn Sie sich bei dem Thema Geld unsicher fühlen, dann helfen Affirmationen wie „Ich habe reichlich Geld“ oder „Ich kann meine Rechnungen immer bezahlen“. Sie können dem Universum auch effektiv signalisieren, dass Sie bereit und offen für neue Dinge und Erfahrungen sind, indem Sie Kleiderschränke und Geschirrschränke ausräumen.

Wohlstand ist natürlich nicht nur abhängig von Ihrer finanziellen Situation. Wir erleben wahren Reichtum, wenn wir uns geliebt fühlen und ein erfülltes Leben führen. Das folgende Beispiel hat mir den Mut und die Inspiration gegeben, einen ersten Schritt hin zum Leben meiner Träume zu tun.

Üben Sie, zum Universum „Ja“ zu sagen

Sie können noch so viel um Hilfe und Führung bitten, wenn Sie nicht zur Tat übergehen, dann wird sich nichts in Ihrem Leben ändern. Haben Sie schon einmal eine Gelegenheit erhalten, die Sie automatisch ablehnten, weil Sie dachten, Sie schaffen es ohnehin nicht? Ich habe das Universum regelmäßig um Hilfe gebeten, dass sich genügend Teilnehmer für meine Workshops anmelden. Ich hatte meine Affirmationen gemacht, meine Seminarunterlagen vorbereitet, den Veranstaltungsort reserviert und E-Mails zur Ankündigung an alle Klienten verschickt. Wenn ich jedoch eingeladen wurde, einen Vortrag zu halten, lehnte ich sofort ab, weil ich mich nicht vor Publikum zu sprechen traute. Ablehnung wurde so zu meinem unbewussten Verhalten und ich konnte mich nicht einmal daran erinnern, gefragt worden zu sein. Ich wunderte mich einfach nur, dass sich keiner zu meinen Workshops anmeldete, obwohl ich sicherlich Dutzende von Einladungen verschickte.

Gott sei Dank machte mich eine Freundin auf meine Einstellung aufmerksam und ich fing an, zum Universum „Ja“ zu sagen. Obwohl ich anfangs furchtbare Angst hatte, begriff ich die Bedeutung des Spruches „Tu so als ob, bis du es kannst“. Mittlerweile halte ich voller Selbstvertrauen ohne Notizen Vorträge.

Die Begeisterung, etwas geschafft zu haben, macht süchtig. Versuchen Sie es einfach. Fangen Sie damit an, in dieser Woche zu etwas „Ja“ zu sagen, was Sie normalerweise links liegen lassen würden. Ihr Horizont wird in überraschende Richtungen erweitert. Das Universum hat einen unendlichen Vorrat an Fülle – es wartet nur darauf, Ihre Bestellungen entgegennehmen zu dürfen!

Üben Sie „Nein“ zu sagen, wenn Sie etwas nicht wollen

Wir alle haben Verpflichtungen gegenüber der Familie, der Arbeit, Freunden, unserem Zuhause, unseren Hobbys. Während wir immer mehr in unser Leben hineinpressen, verlieren wir die Lebensfreude wie durch ein Leck. Wir brauchen einen triftigen Grund, um etwas nicht tun zu müssen. Deshalb werden wir krank. Die Welt gerät nicht ins Wanken, wenn Sie in Urlaub fahren, einen Elternabend verpassen oder den Rasen nicht jedes Wochenende mähen. Üben Sie zu einigen dieser zeitraubenden Verpflichtungen „Nein“ zu sagen. Wenn Sie es höflich aber bestimmt äußern, wird man Ihre Grenzen mit der Zeit respektieren. Vermeiden Sie negative Menschen, die Ihnen Ihre Energie rauben.

Das gilt auch für das negative Denken. Der einzige Mensch, der Ihren Geist steuern kann, sind Sie selbst. Wenn Sie sich Ihr geistiges Geschwätz anhören, klingt es wie ein permanenter Kommentar über Ihr Leben und über alle anderen, die Sie treffen. Ihre Glaubenssysteme werden wie in einer Endlosschleife abgespult. Man könnte fast meinen, dass jemand anderes den Laden schmeißt. Wir sind so an das Gerede im Hintergrund gewöhnt, dass wir meistens gar nicht mehr darauf achten. Wachen Sie auf und zeigen Sie, wer bei Ihnen der Chef ist! Wenn Sie einen einschränkenden Glaubenssatz entdecken, etwa „Ich habe nicht genug Geld", dann bedanken Sie sich für diese Mitteilung und ersetzen Sie den Gedanken durch eine aufbauende Affirmation. Wenn es Ihnen nicht leicht fällt, das Negative zu verbannen, dann denken Sie an Erlebnisse, bei denen Sie sich gut gefühlt haben. Dabei bauen Sie jedes Mal neue Nervenbahnen im Gehirn auf. Das können nur Sie tun. Es gibt keinen anderen in Ihrem Kopf!

Wenn Sie etwas geben, dann niemals widerwillig. Wenn Sie sich klar darüber sind, was Sie nicht tun wollen, dann lassen Sie es. Seien Sie sich Ihrer Motive und Entscheidungen bewusst. Sie müssen keine sofortigen Entscheidungen treffen und Sie haben immer die Wahl, wie Sie auf Anfragen reagieren.

Erwarten Sie Erfolg!

Positives geschieht, wenn wir es erwarten. Hier ein Experiment, mit dem Sie spielerisch umgehen können – es macht richtig Spaß: Eine Woche lang tun Sie mal so, als ob sich das Leben mit Ihnen verbündet statt sich gegen Sie verschworen hätte. Stellen Sie sich vor, wie jeder Mensch in Ihrem Interesse handelt und sich alles zum Besten wendet. Schauen Sie überall nach dem Silberstreif, verteilen Sie Komplimente und segnen Sie so viele Menschen wie möglich (auch wenn es sich anfangs nicht richtig anfühlt). Verwandeln Sie jedes Problem in eine Gelegenheit und verwenden Sie die Affirmation, dass Sie nur das Beste verdienen. Vertrauen Sie in das Leben und in die Liebe. Das Gute wird sich sicherlich vermehren.

Wohlstand beschränkt sich nicht darauf, genügend Geld zu haben. Denken Sie einmal zurück an eine Zeit, in der Sie sich erfolgreich gefühlt haben. Erinnern Sie sich an das Gefühl der Weite in Ihrer Brust, dieses Gefühl, dass alles möglich sei? Es ist unwahrscheinlich, dass dieses Gefühl direkt mit Geld verbunden war. Es ist vielmehr das Erreichen eines Zieles, das den Erfolg und das Selbstwertgefühl nährt. Vielleicht haben Sie es geschafft, mit dem Rauchen aufzuhören oder haben in einer schwierigen Lage einen kühlen Kopf bewahrt; vielleicht haben Sie einen alten Glaubenssatz oder eine alte Angst aus der Kindheit aufgelöst. Sich zu verlieben, eine Prüfung zu bestehen, etwas zu tun, was das Herz zum Singen bringt oder Anerkennung für ein besonderes Talent zu erhalten – das alles sind Qualitäten, die den Wohlstand definieren.

Wir tappen viel zu oft in die Falle und meinen, wir müssten etwas „haben“, um etwas „sein“ zu können (beispielsweise Geld zu haben, um glücklich zu sein). Eigentlich ist es genau umgekehrt. Erfolg folgt der Intention; an erster Stelle steht dabei das Gefühl. Erst wenn wir uns reich *fühlen*, können wir auch reich *sein*. Es ist tatsächlich so einfach. Wenn Sie meinen, dass Sie mehr Sicherheit mit mehr Geld erreichen, dann entwickeln Sie zuerst dieses Gefühl der Sicherheit in sich. Dadurch öffnen Sie sich direkt für den Geldfluss.

Der erste Schritt hin zur Änderung Ihrer Situation liegt darin, die Verantwortung für das zu übernehmen. Überlegen Sie, wie Ihre Gedanken dazu beigetragen haben, diese Umstände zu schaffen. Halten Sie an einem überholten Glaubenssatz oder einer Angst fest, die Sie vor wiederholten Fehlern haben, die Sie in der Vergangenheit bereits erlebt haben? Haben Sie das Gefühl, nur andere Leute hätten Glück? Hat das Glaubenssystem Ihrer Familie Sie so programmiert, dass Sie meinen, Geld könne man nur auf unehrliche Art verdienen oder nur durch einen Lottogewinn? Diese Art Gedanken halten Sie in der Vergangenheit fest oder bewirken eine Sehnsucht nach der Zukunft, wo der Zauber jedoch *nicht* stattfindet.

Der Weg nach vorn liegt darin, vollkommen präsent zu sein und Herz und Verstand für neue Möglichkeiten offen zu halten. Verurteilen Sie sich nicht in Grund und Boden für die Umstände, die Sie sich in der Vergangenheit erschaffen haben. Jetzt ist ein neuer Augenblick! Sie können jederzeit damit beginnen, Ihr Wohlstandsbewusstsein zu erschaffen. Bitten Sie um Hilfe von Freunden, geliebten Menschen, vom Universum, während Sie dabei sind, die Welt mit neuen Augen zu betrachten. Je mehr Unterstützung Sie haben, desto leichter wird es Ihnen fallen, Ihre einschränkenden Glaubenssätze abzulegen.

Wenn Sie erkannt haben, welche Gedanken und Überzeugungen Sie von Ihrem höchsten Wohl abhalten, dann können Sie anfangen, diese zu ändern. Entwickeln Sie ein paar positive Affirmationen, die das zusammenfassen, wie Sie Reichtum in Ihrem Leben ausdrücken möchten. Beispielsweise: „Ich bin so reich, dass all meine Vorstellungen übertroffen werden." Wenn das für den Anfang ein zu großer Schritt ist, dann beginnen Sie mit: „Ich bin ein Magnet für Geld." Halten Sie die Affirmationen so offen und uneingeschränkt wie möglich, denn Sie haben wahrscheinlich nicht an absolut alle Wege gedacht, wie das Universum Ihren Herzenswunsch erfüllen könnte.

Die eigenen Träume manifestieren

Die wichtigsten Faktoren für erfolgreiches Manifestieren sind:

1. Konzentrieren Sie sich auf das Gefühl, das Sie hervorrufen wollen. Jedes Mal, wenn Sie an Geld oder Reichtum denken, denken Sie zurück an ein Ereignis, bei dem Sie sich erfolgreich gefühlt haben. Wenn Sie inneren Frieden suchen, dann achten Sie darauf, was Ihnen im täglichen Leben Seelenfrieden schenkt. Dazu kann gehören, dass Sie in Ihr schönes warmes Bett sinken, nachdem Sie die Kinder friedlich ins Bett gebracht haben. Oder vielleicht ist es das Gespräch mit einer engen Freundin, bei der Sie sich den Kummer von der Seele geredet haben. Sinnen Sie über dieses Gefühl der Geborgenheit nach und genießen Sie es, wann immer es auftaucht.

2. Seien Sie sich sehr klar darüber, wie Sie sich fühlen wollen, ohne dabei an einer Vorstellung festzuhalten, wie sich dieser Zustand realisieren soll. Denken Sie daran, dass jedes negative Gefühl in diesem Prozess, wie zum Beispiel das Gefühl, nicht auf etwas verzichten zu wollen, genau das vertreibt, was Sie gerade anzuziehen versuchen.

3. Schätzen Sie jeden einzelnen Schritt, den Sie für dieses angestrebte Gefühl unternehmen. Wenn Sie Fülle in Ihrem Leben erzeugen wollen, dann seien Sie dankbar und freuen sich, wenn Sie eine Münze in Ihrer Manteltasche finden.

Ein weiterer Schritt, das Gute in Ihr Leben einzuladen, liegt in der Erkenntnis, dass es genug für alle gibt. Jedes Mal, wenn Sie Dankbarkeit für Geld empfinden und es mit einem Gefühl der Freude ausgeben, stellen Sie sich vor, wie es auch diejenigen beglückt, die es erhalten. Dieser Akt der Großzügigkeit, zusammen mit Ihrem neu entdeckten Geborgenheitsgefühl, öffnet die kosmischen Kanäle der Fülle.

8.

Wie nähre ich Körper, Geist, Seele?

„Wahres Glück beinhaltet
den ausgiebigen Gebrauch der eigenen Kraft
und Fähigkeiten.“

John W. Gardner

Wir verwechseln „Selbstliebe“ viel zu oft mit Egoismus. Dabei ist es fast unmöglich, andere Menschen zu lieben, wenn wir uns selbst gegenüber keinen gesunden Respekt pflegen.

Besonders in Schottland ist es mir aufgefallen, dass den Menschen dort diese Einstellung sehr schwerfällt. Sie sind mit dem Grundsatz „Eigenlob stinkt“ erzogen worden, damit sie nicht „größenwahnsinnig“ werden. Deswegen halten sich viele zurück, wenn es darum geht, sich selbst zu feiern oder die eigenen Leistungen zu loben. Es geht jedoch nicht darum, eingebildet oder arrogant zu werden. Es geht um den Wert. Sie können jemanden anders nicht wirklich lieben, wenn Sie sich nicht selbst zuerst lieben und annehmen. Und die anderen können Sie auch nur lieben, wenn Sie sie lassen!

Lieben und akzeptieren Sie sich also genau so, wie Sie gerade sind. Und nicht erst, wenn Sie abgenommen haben, Ihre Zähne gerichtet oder Ihre Schulden bezahlt haben. Sondern so, wie Sie *jetzt im Augenblick sind*, mit allen Ecken und Kanten. Das ist wahrscheinlich der schwerste Rat überhaupt, wenn wir ihn jedoch wirklich beherzigen, dann verlieben wir uns allgemein ins Leben und haben Zugang zu unbegrenzter Energie und Freude. In diesem Zustand der Gnade lösen sich „Probleme“ auf wundersame Weise auf und das Leben wird zu einem faszinierenden Abenteuer.

Beenden Sie die Kritik

Das bezieht sich sowohl auf Sie selbst als auch auf andere. Kritik schwächt die eigene Seele, Lob baut sie auf. Sie denken jetzt vermutlich, dass Sie sich nicht mehr an Gesprächsrunden beteiligen können, da Negativthemen so sehr zur Gewohnheit geworden sind. Das macht nichts, eröffnen Sie Ihre eigene Gesprächsrunde. Die Menschen werden Sie aufsuchen, wenn sie merken, wie inspirierend Sie als Gesprächspartner sind!

Ich will damit nicht sagen, dass wir die unangenehmen Wahrheiten in unserem Leben und in uns selbst verleugnen sollen; es gibt keinen Grund, zu einem unverbesserlichen Optimisten zu werden. Wenn wir sowohl das „Gute“ als auch das „Böse“ annehmen können und uns dann für das Positive entscheiden, fällt es uns leichter, eine ausgeglichene Perspektive zu bewahren. Kritik und Negativität sind heimtückisch und schleichen sich unbemerkt in unser Leben ein. Deshalb ist es so wichtig, unsere Gedanken zu steuern und unser Verhalten bewusst auszuwählen. Ich finde, es hilft, Affirmationen zu lesen oder an meinem Dankbarkeits-Tagebuch zu arbeiten, bevor ich abends zu Bett gehe. Ich lege großen Wert darauf, vor dem Einschlafen keine Nachrichten mehr zu schauen.

Sorgen Sie gut für sich selbst

Nehmen Sie ein wohlduftendes Bad, gönnen Sie sich eine Massage, kaufen Sie sich ihre Lieblings-CD, buchen Sie einen Urlaub, verbringen Sie Zeit mit Freunden ... was auch immer Ihnen guttut! Beziehen wir uns selbst unter die Menschen mit ein, die wir lieben, bereichert das unser Leben sehr. Verwöhnen Sie sich wenigstens einmal die Woche, oder wenn möglich einmal am Tag, mit etwas Schönem. Es muss nicht immer etwas Großes sein, manchmal sind es die kleinen Dinge, die die größte Freude bereiten.

Liebe ist immer „innere Arbeit“. Von klein auf werden wir so konditioniert, dass wir an die wunderschöne Prinzessin oder den attraktiven Prinzen glauben, der uns findet und unser Leben perfekt macht. Das ist jedoch nicht die ganze Geschichte. Wenn wir darauf warten, bis unsere „bessere Hälfte“ auftaucht, blockieren wir unsere eigene Entwicklung. Besonders Kinder müssen dazu ermutigt werden, ihre Stärken zu erkennen und ein gesundes Selbstwertgefühl zu entwickeln.

Aus eigener Kraft heraus sind Sie ein einmaliger und wunderbarer Mensch. Es ist weitaus besser, die Liebe zu sich selbst zu pflegen, als auf jemanden zu warten, der Sie in Ihrem Wesen ergänzen soll. Mit Selbstliebe meine ich nicht Eitelkeit oder Arroganz. Das ist nur eine Form geringen Selbstbewusstseins. Ich meine vielmehr eine tiefe Anerkennung und Dankbarkeit für das, was Sie sind.

Loben, loben und loben Sie die Göttlichkeit in sich. Verwenden Sie Affirmationen wie „Ich verdiene das Beste im Leben", um Ihre Großartigkeit geltend zu machen und beobachten Sie, wie sich Ihr Alltag wandelt. Veränderung kann sehr viel Angst einjagen; während Sie Ihren Umgang damit entwickeln, werden die anderen Menschen, mit denen Sie zu tun haben, diesen Wandel spüren, da wir alle miteinander verbunden sind. Das kann, besonders in engen Beziehungen, zu Unsicherheit und Ängsten führen. Deshalb ist es empfehlenswert, sich mit positiv gesinnten Freunden und aufbauenden Gedanken zu umgeben, um sich selbst etwas Gutes zu tun. Sie könnten sich zum Beispiel ein Buch der Freude anlegen, in dem Sie alle Dinge sammeln – Geschichten, Gedichte, Briefe –, die Ihnen viel Freude bereiten. Schreiben Sie auch Ihre Lieblingsbeschäftigungen auf, geschätzte Filme, Lieder, Bücher, Menschen, Erinnerungen, Gerüche, Geschmäcker, Aktivitäten usw. Machen Sie einfach kleine Schritte und feiern Sie jeden einzelnen Erfolg.

Ein Schritt nach dem anderen

Meine Klienten kommen meistens erst dann zu mir zum Coaching, wenn sie am Ende ihrer Kräfte angelangt sind und ihr Leben auf verschiedenen Ebenen ins Stocken geraten ist. Wenn sie damit anfangen, nach innen zu schauen und ihre Selbstliebe zu kultivieren, besteht die Tendenz, alles auf einmal machen zu wollen. Das führt unweigerlich zu Überfrachtung und Ernüchterung. Es ist gut, sich einen Überblick zu verschaffen, aber durch eine sanftere Herangehensweise gehen Sie liebevoller und angemessener mit sich um. Deshalb fordere ich meine Klienten dazu auf, einen Schritt nach dem anderen zu machen. Ob es um Themen wie Gesundheit, Beziehungen, Geld, Erfolg oder Lebenssinn geht: Wählen Sie das aus, was Ihnen am meisten am Herzen liegt und arbeiten Sie mit diesem Thema zuerst. Es gibt genügend Zeit, um die anderen Themen zu klären – Geduld und Mitgefühl werden Ihnen dabei sehr helfen.

Manche Klienten erleben zunächst eine „Heilkrise", eine sehr dramatische Bezeichnung für die einsetzende Entgiftung. Während alte Gewohnheiten und Gedankenmuster aufgelöst werden – besonders bei gesundheitlichen Problemen –, erfahren Sie eventuell eine Erstverschlimmerung, bevor es Ihnen besser geht. Darüber brauchen Sie sich keine Sorgen zu machen, der Körper versucht auf natürliche Weise, sein Gleichgewicht wiederherzustellen. Wenn Sie sich dabei weiterhin auf Ihre aufbauenden Affirmationen konzentrieren, wird diese Phase schnell vorübergehen. Das ist ein weiterer Grund, besonders nett zu sich selbst zu sein.

Befreien Sie sich vom Stress

Stress ist in unserer schnelllebigen Zeit zu einem abgenutzten Wort geworden. Eine Definition von Stress lautet: zu viele Entscheidungen treffen zu müssen in zu wenig Zeit. Stress zeigt sich als Schmerz oder Unwohlsein, ein eindeutiges Zeichen dafür, dass wir etwas ändern müssen. Wir haben uns jedoch dermaßen an Stress gewöhnt, dass wir ohne ihn nicht richtig funktionieren können. Einige behaupten sogar, dass wir regelrecht süchtig danach geworden sind. Stress ist zu einem ständigen Begleiter geworden statt zu einem Warnzeichen, wie er ursprünglich gedacht war.

Wonach wir wirklich „süchtig" sind, ist der Kick aus den stimulierenden chemischen Substanzen Cortisol und Adrenalin, die in unserem Blut ausgeschüttet werden. Wir fühlen uns dann für einen kurzen Moment lebendiger. Es gibt jedoch eine weniger schädliche Methode, um unsere Lebenskraft zu spüren: tiefer in den Augenblick einzutauchen!

Tägliches Meditieren hilft Ihnen, körperlich und mental zur Ruhe zu kommen, da der Geist in den Theta-Zustand versetzt wird. Erinnern Sie sich daran, wie Sie als Kind das Gefühl hatten, dass sich ein Tag ewig hinzog? Und ein Jahr erschien Ihnen wie eine Ewigkeit? Das lag daran, dass Ihre Aufmerksamkeit nicht zerstreut war. Sie lebten nicht teilweise in der Vergangenheit oder in der Zukunft, sondern waren mit Ihrer ganzen Lebensenergie im gegenwärtigen Augenblick. Das ist wahre Achtsamkeit: die Fähigkeit, sich voll und ganz einer Tätigkeit zu widmen. Diese Haltung bereichert Ihr Leben ungemein. Wenn Sie darüber hinaus langsamer sprechen und sich die Mühe machen, gut zuzuhören und auf Ihr Gegenüber einzugehen, werden Sie feststellen, dass Kommunikation zu einem Fest der Sinne wird. Sie verwandelt sich in eine tiefere und erfreulichere Begegnung.

Worte können eine schöne Melodie bilden, wenn wir sie auskosten und ihnen unsere ganze Aufmerksamkeit widmen. Behalten Sie Ihre Worte einen Moment lang im Mund, bevor Sie sie aussprechen, und tränken Sie sie erst mit der Süße Ihrer liebevollen Absicht. Die Qualität der Gespräche kann sich dadurch wandeln. Somit tragen Sie zu etwas mehr Frieden in der Welt bei.

Pflegen Sie Ihren Körper

Ihr Körper ist ein wunderbares Vehikel für Ihren Selbstausdruck. Er ist vollkommen in der Lage, sich selbst zu heilen, wenn Sie die nötigen Rahmenbedingungen für gute Gesundheit schaffen. Wenn Sie ihm gesunde Nahrung und Flüssigkeit zuführen, ihm Ruhe gönnen, wenn er es braucht, einen zufriedenen Geist kultivieren und täglich Sport treiben, vorzugsweise draußen, dann wird Ihr Körper Ihnen das danken.

Ich rege meine Klienten dazu an, viel Wasser zu trinken. Es dient der Entschlackung und ist auch sehr gut, um den Körper kräftig durchzuspülen. Wenn Sie mit emotionalen Themen gearbeitet haben, hilft das Wasser, die Überreste aus Ihrem System zu spülen. Ich weiß selbst nicht genau, wie es funktioniert, aber es hilft tatsächlich.

Die Ernährung bildet eine weitere Säule für gute Gesundheit. Es gibt viele Wege zu einem guten Ernährungsplan, Sie müssen nur den richtigen für sich finden. Einen für alle gibt es sicherlich nicht. Ich bin skeptisch, wenn irgendeine Ernährungsweise das von sich behauptet. Die einzige Diät, die wirklich funktioniert, ist eine, die negative Gedanken über einen selbst und andere Menschen von ihrem Ernährungsplan gestrichen und dafür Selbstliebe verordnet hat. Der Extra-Bonus dieses Ansatzes liegt darin, dass Sie lernen, sich so anzunehmen, wie Sie sind. Ihr Gewicht normalisiert sich dabei, Süchte werden auf natürliche Weise geringer und Sie werden vermutlich auch jünger aussehen.

Der Körper will sich bewegen. Bei Kindern ist es gut zu beobachten, wie schwer es ihnen fällt, stillzusitzen. Mit dem Alter beginnen wir, diesen Bewegungsdrang durch mehr Zurückhaltung und ein „angemessenes" Verhalten zu ersetzen. Ich bin davon überzeugt, dass das unserer Gesundheit schadet und dazu führt, dass wir unsere Emotionen nicht wirklich ausdrücken. Vielleicht finden Sie eine Sportart, die Ihnen die Freiheit gibt, sich entsprechend auszudrücken. Wenn Sie sich im Fitnessstudio langweilen, dann gehen Sie in die Natur und laufen durch den Wald oder über Wiesen. Ich versichere Ihnen, dass das Ihre Stimmung hebt. Ob Sie schwimmen, klettern, laufen, hüpfen, radeln, reiten oder Rad schlagen, solange sich Ihre Lunge mit frischer Luft füllt und Ihr Herz zu singen anfängt, wird es Ihnen körperlich, mental und seelisch guttun. Sofern es nicht zu einer lästigen Pflicht wird, finden Sie dafür in Ihrem durchgetakteten Alltag sicherlich Zeit.

Sich auszuruhen ist eine ebenso wichtige Übung. Die Atemarbeit in der Meditation und im Yoga bewirkt eine sehr gute Entspannung. Bei Einschlafstörungen stellen Sie sich vor, dass Sie voller Flüssigkeit sind, die mit jedem Ausatmen langsam aus dem Körper fließt.

Eine weitere wirkungsvolle Technik besteht darin, sich kurz vor dem Einschlafen von allem energetisch loszuhaken. Betrachten Sie alles, woran Sie „hängen" – ungelöste Konflikte, Sorgen oder Anspannungen – als S-förmige Fleischerhaken, die Sie einen nach dem anderen aushaken und über Ihre Füße herausbefördern. Bevor Sie den letzten Haken erreicht haben, sind Sie längst schon eingeschlafen.

Drücken Sie Ihre Gefühle aus

Wir leben in einer Gesellschaft, in der es nicht gerade gern gesehen wird, wenn man seine Gefühle ausdrückt. Jungs weinen nicht, Emotionen werden kontrolliert, anständige Mädchen schlafen nicht herum, der Stärkere überlebt, „Krieg" gegen a) Terror, b) Drogen, c) Bakterien, d) Kriminalität etc., was immer Sie wollen – all das dient nur dazu, dass wir unsere Emotionen verdrängen. Indem einige Emotionen als schwach und andere als stark gelten, wie zum Beispiel Aggressionen, haben wir ein paar anerkannte emotionale Ausdrucksmethoden erschaffen, bei denen der „Aus-Druck“ unter Hochdruck steht: im Krieg, beim Sport, beim Wettbewerb und bei der Prominenz. In England entstand durch den tödlichen Autounfall von Prinzessin Diana eine akute nationale Krise. So tragisch die ganze Geschichte auch war, die intensiv lange Trauer war unverhältnismäßig. Zehn Jahre später war die Trauer bei einigen Menschen immer noch sehr präsent. Ich kann nur vermuten, dass eine solche Trauer in der Öffentlichkeit akzeptiert wurde, weil es sich um eine prominente Person handelte. Meine geliebte Großmutter starb in derselben Woche; sogar ihre Beerdigung wandelte sich zu einer Lobrede auf Prinzessin Diana. Ich vermisse meine Großmutter immer noch schmerzlich, hätte ich jedoch öffentlich im gleichen Stil um ihren Verlust getrauert, hätte mir mein Arzt wohl irgendwelche starken Medikamente verschrieben.

Wir kommen nicht als unterdrückte Wesen zur Welt. Wenn Sie ein Kind einen Tag lang beobachten, werden Sie feststellen, wie es sich mühelos durch ein ganzes Gefühlsspektrum bewegt. Das Kind hat sicherlich keine Angst davor, diese Gefühle auszudrücken. Wenn wir allmählich erwachsen werden, lernen wir, uns Masken zuzulegen, oder eben „Bewältigungsstrategien“, mit denen wir der Welt begegnen. Uns wird beigebracht, damit umzugehen. Aber anstatt mit unseren Gefühlen präzise umzugehen, vergraben wir sie tief in unserem Inneren, wo sie die nächsten Jahre ihr Unwesen treiben.

Diese Energie wieder umzulenken ist entscheidend für eine gute Gesundheit. Wenn es Ihnen nicht liegt, in der Situation zu schreien, zu heulen, zu treten oder herumzubrüllen, dann nehmen Sie sich etwas Zeit, um sich mit Ihrer Lieblingsrockmusik, einem Kissen oder einer Matratze in Ihrem Zimmer einzuschließen. Und dann legen Sie los! Rasten Sie einfach mal aus, wenn

Sie wollen. Es ist ja keiner da, der Sie sieht oder bewertet. Ich garantiere Ihnen, Sie werden sich viel besser (und fitter) fühlen, nachdem Sie Ihren Frust zehn Minuten lang herausgeschleudert haben. Tränen wollen fließen; wenn Ihnen in diesem Prozess Erinnerungen an ein erschütterndes Erlebnis hochkommen, dann heulen und schluchzen Sie, bis Sie leer sind. Betrachten Sie es als ein Schwimmen auf der Welle des Lebens.

Sobald Sie merken, dass ein Gefühl hochsteigt, spüren Sie ihm nach. Es verliert dadurch an Intensität. Wie oft haben Sie schon etwas ganz stark empfunden und wollten es ausdrücken, nur um dann festzustellen, dass es sich nicht mehr richtig anfühlte? Das liegt daran, dass eine *Emotion* etwas ist, was uns bewegt. Sie muss fließen dürfen. Wenn wir sie unterdrücken, verwandelt sie sich in ihr Gegenteil und die Energie wird destruktiv. Wenn wir lernen, diese Emotionen wirklich zu fühlen und sie angemessen herauszulassen, dann können wir diese Energie für konstruktivere Dinge verwenden. Zum Beispiel zur Manifestation unseres idealen Lebens.

Nähren Sie Ihre Seele

In der Hektik unseres alltäglichen Lebens wird unsere Seele oftmals vernachlässigt, wenn wir unsere Zeit in Vergangenheit und Zukunft einteilen. Wir vergessen, dass wir in erster Linie spirituelle Wesen sind und bedienen zuerst Körper und Geist. Dann sind wir überrascht, wenn unsere Aufmerksamkeit wieder in die Gegenwart zurückgeholt wird – normalerweise durch ein plötzliches Ereignis wie eine Krankheit oder einen Unfall.

Es wirkt bereits Wunder auf Ihr Gleichgewicht, wenn Sie nur einen Bruchteil Ihrer Zeit dafür nutzen, um täglich in Stille mit Ihrem spirituellen Selbst „abzuhängen". Sie merken es bereits, wenn Sie morgens nur fünf Minuten meditieren und nochmal abends, bevor Sie zu Bett gehen. Sie werden sich mit der Zeit ausgeglichener, ruhiger und friedlicher fühlen. Eine wunderschöne Affirmation dazu ist:

„Ich bin ein vollkommener Mensch und setze mein volles Potenzial frei."

Wenn Sie gerne singen, dann singen Sie. Wenn Sie lieber beten, dann beten Sie. Schreiben Sie Gedichte, tanzen Sie im Regen, machen Sie ein Picknick, malen Sie ein Bild, backen Sie einen Kuchen oder wickeln Sie sich in Ihre Bettdecke ein und schauen Sie den ganzen Tag lang Zeichentrickfilme. Tun Sie etwas, was Ihre Seele zum Lächeln bringt, so oft wie möglich. Sie sind ein Kind des Universums – benehmen Sie sich auch so!

Spielen Sie mit Ihrem inneren Kind

Die Vorstellung, dass wir im Laufe unseres Erwachsenwerdens unser „inneres Kind" hinter uns lassen, wirkt verlockend. Ich bin jedoch der Meinung, dass wir dadurch eine Gelegenheit versäumen. Den Augenblick zu leben, zu tanzen, als ob keiner zuschaut, zu lieben, als ob wir noch nie verletzt wurden, zu singen, als ob keiner zuhört und zu leben, als ob der Himmel auf Erden sei, bedeutet tatsächlich, so in der Gegenwart zu leben, wie es Kinder tun. „Unmöglich!", sagen Sie jetzt vielleicht. „Ich muss arbeiten, habe Rechnungen zu bezahlen, muss vieles organisieren." Das mag alles zutreffen, aber es gibt Augenblicke an jedem Tag, in denen wir aufmerksam und gegenwärtig sein können. Diese Momente sollten wir auch nutzen.

Wann haben Sie das letzte Mal mit Ihrem „kleinen Du" geredet? Wie viele Jahre ist es her, dass Sie Ihrem Spieltrieb nachgegeben haben, einfach weil Sie Lust dazu hatten? Das war Ihre Seele, die mit Ihnen gesprochen hat. Wenn wir uns die Zeit nehmen, nach innen zu gehen und zuzuhören, hören wir vielleicht, wie das kleine Kind nach Aufmerksamkeit schreit. Oder es hat aufgegeben, mit uns zu reden und sich beleidigt zurückgezogen.

Wo auch immer das Kind jetzt ist, fordere ich Sie dazu auf, wieder Kontakt herzustellen. Selbst wenn es nur fünf Minuten sind, die Sie nutzen, um mit ihm zu reden und es besser kennenzulernen. Das Kind wird Sie bald wissen lassen, wie Sie es glücklich machen können. Versichern Sie ihm, dass es geliebt wird und in Sicherheit ist. Das ist alles, was das innere Kind braucht.

Eine gute Übung, um den Kontakt wiederherzustellen, liegt darin, mit der nichtdominanten Hand ein Bild von sich als Kind zu malen. Verwenden Sie Farben dazu – sie sagen viel über Ihre Emotionen aus. Wenn Sie das Bild betrachten, achten Sie darauf, wie Sie sich fühlen: Sind Sie glücklich oder traurig, frustriert oder unbekümmert? Wenn Bereiche im Bild diffus oder verdichtet sind oder schräge Winkel haben, welche Hinweise gibt das auf Ihre Gefühle zu bestimmten Körperpartien? Das mag anfangs etwas lächerlich wirken, aber es ist erstaunlich, wie man sich dadurch wieder mit alten Gefühlen und Träumen verbinden kann, die man längst in seinem Erwachsenen-Ich vergraben hatte.

Wenn Sie diesen Kontakt zu Ihrem inneren kleinen Mädchen oder Jungen wiederhergestellt haben, bitten Sie es oder ihn, mit Ihnen zu reisen – vielleicht gibt es einen Raum in Ihrem Herzen, der groß genug dafür ist. Sie werden freudig überrascht sein, wie viel spontaner und amüsanter Ihr Leben wird. Vielleicht hören Sie auch öfter mal auf Ihr Herz statt auf Ihren Verstand. Vielleicht holen Sie sogar den einen oder anderen Traum wieder aus der Versenkung.

9.

Wie kann ich der Welt dienen?

„Sei du selbst der Wandel,
den du in der Welt erleben willst.“

Mohandas Gandhi

Wir leben in einer aufregenden und turbulenten Zeit. Ich glaube, wir befinden uns an der Schwelle zu einer spirituellen Evolution, die das Leben auf diesem Planeten transformieren wird. Der technologische Fortschritt eilt mit rasanten Schritten voran, ohne dass die meisten Menschen ihn verstehen, globale Kommunikationsnetzwerke haben Nationen in einer noch nie da gewesenen Art zusammengeführt und Kinder kommen mit Syndromen zur Welt, für die es noch keine Namen gibt. Je nach Blickwinkel kann dieser Wandel als Evolution oder Apokalypse gedeutet werden. Es liegt an Ihnen, das zu entscheiden.

Wie auch immer Sie zu ihm stehen, dieser Übergang stellt eine Gelegenheit dar, zur höchsten Form unseres Menschseins zu werden. Alle unsere männlichen und weiblichen Qualitäten werden benötigt, um diese Welt wieder ins Gleichgewicht zu bringen.

Wir werden als Botschafter der Liebe in diese Welt geboren. Wenn Sie jemals in die Augen eines Neugeborenen geblickt haben, haben Sie darin sicherlich unendliche Liebe und Weisheit gesehen. Ängste sind erlernt; Liebe ist natürlich. Als Babys wissen wir, dass wir alle eins sind. Die Erfahrung, dass wir dennoch von unserer Mutter getrennte Wesen sind, braucht Monate, bevor sie sich entwickelt, und wir sind sehr überrascht, wenn wir entdecken, dass wir einen eigenen Körper haben.

Unsere Mission auf diesem Planeten ist es, uns neu einzuteilen und uns an die ursprüngliche Weisheit zu erinnern, alle Menschen zu lieben, uns selbst eingeschlossen. Wie Marianne Williamson sagt: „Nichts befreit unsere Größe so sehr, wie das Bedürfnis zu helfen, das Bedürfnis zu dienen."

Anderen Menschen zu dienen bedeutet letztendlich, im eigenen Sinne zu handeln. Wenn Ihnen das Wohl anderer Menschen am Herzen liegt und Sie viel Zeit damit verbringen, werden Sie feststellen, dass Sie sich selbst sehr wohl fühlen. Wohingegen Sie eher frustriert und intolerant werden, wenn Sie zu viel Zeit in Ihrer egozentrierten Welt verbringen. Das liegt daran, dass wir beim Geben merken, dass wir etwas zu geben haben. Wenn wir mit Liebe geben, spüren wir einfach, wie die Liebe hinausfließt. Dabei erleben wir, dass Geben gleichzeitig auch Empfangen ist und dass wir selbst „Liebe" sind. Wenn wir uns dafür öffnen, Liebe von anderen zu empfangen, dann geben wir auch ihnen die Möglichkeit zu zeigen, wer sie wirklich sind. Wir halten uns sehr oft beim Geben zurück, weil wir glauben, es gäbe zu wenig. Wir befürchten, dass nicht genug Liebe für alle da ist. Tatsächlich gibt es unendlich viel davon, da die Liebe alles ist.

In seinem poetischen Buch *The Gentle Art of Blessing* schreibt Pierre Pradervand, wie wichtig es ist, Segnungen in Stille zu geben. Segnen bedeutet, das Gute für andere bedingungslos zu erwarten und zu wünschen und über ihre Begrenzungen hinaus ihr wahres spirituelles Wesen zu erkennen. Sein inspirierendes Buch enthält zahllose Beispiele, wie diese Segnungen wirken, die ihre transformierende Kraft in alltäglichen Situationen offenbaren.

Mir wurde immer beigebracht, jede Person und Situation zu segnen, unabhängig davon, wie herausfordernd es für mich war. Wenn man bewusst daran denkt und es tut, dann erlebt man, wie sich die Schwierigkeiten der Menschen lösen und fühlt sich bestärkt. Manchmal sind Segnungen das einzige Werkzeug, das uns übrig bleibt.

Veränderte Wahrnehmung

Wie gehen Sie mit großen Veränderungen in Ihrem Leben um? Reagieren Sie traumatisiert, ungläubig, abwehrend oder freudig erregt? Wenn ein Unglück über Sie hereinbricht, bleiben Sie darin verhaftet oder versuchen Sie, darin eine Lernaufgabe zu sehen und Ihre Gedanken auf einen positiven Ausgang auszurichten? Auch wenn sich eine Katastrophe Tausende von Kilometern entfernt ereignet, hat sie doch eine persönliche Auswirkung auf uns, wir spüren sie und gehen mit ihr entsprechend unseres Bewusstseinszustandes um.

Unsere Glaubenssätze basieren auf unserer Wahrnehmung, unsere Handlungen auf unseren Glaubenssätzen. Deshalb gibt es unendlich viele verschiedene Reaktionsweisen auf ein einzelnes Ereignis. Schwierige, unglückliche Umstände liegen oftmals außerhalb unserer Kontrolle. Wir können nur unsere Wahrnehmung beherrschen. Das klingt vielleicht – oberflächlich gesehen – wie eine schlechte Nachricht. Wenn wir unsere Wahrnehmung steuern und unser automatisches Verhalten in eine bewusste Antwort lenken, sind wir belastbarer und können dadurch in der Welt besser dienen.

Engagement und tägliche Übung sind allerdings erforderlich, um unsere Wahrnehmung zu beeinflussen und uns für eine Realität „zu entscheiden". Wir neigen dazu, unsere Wirklichkeit zu konstruieren und meinen dann: „So funktioniert das Leben." Diese geistigen Konzepte sind uns eingebaut und dienen dem Überlebenstrieb. Sie sind hervorragend geeignet, um instinktiv vor einer Bedrohung zu flüchten, aber es ist unerlässlich, sie regelmäßig zu überprüfen, ob sie uns noch dienlich sind.

Der Unterschied zwischen „normalen" Menschen wie uns und den „erleuchteten" Meistern liegt darin, dass Meister durchweg die gleiche Haltung einnehmen, unabhängig von der Situation. Egal ob Frieden oder Krieg herrscht, sie bewahren ihre innere Gelassenheit. Das erfordert eine komplette Umkehr unserer alten Gewohnheit, die wir bestimmt ein Leben lang kennen: Zufriedenheit oder Geborgenheit in Dingen außerhalb von uns selbst zu suchen.

Wir sind in dem Glauben erzogen worden, dass wir etwas oder jemanden brauchen, um uns vollständig und ganz zu fühlen. Zigaretten, Alkohol, Drogen, Anerkennung, Kleidung, „das Neueste von“ was auch immer, ein Seelenpartner, Ruhm und Reichtum ... Sie können die Liste beliebig ergänzen. Wir hüpfen von einer Erfahrung zur nächsten und suchen nach dem Trostpflaster, das uns hilft. In Wahrheit führt jedoch jedes Ding, jede Idee oder jeder Mensch, von dem wir abhängig werden, zu einem Irrglauben, da wir bereits alles haben, wonach wir suchen.

Wahres Glück und Zufriedenheit sind nichts Weiteres als eine Entscheidung. Eine sehr wichtige Entscheidung, und trotzdem eine Entscheidung, die wir jeden Tag und jede Sekunde neu treffen können. Wir können unser Boot selbst durch die Wogen des Lebens steuern und brauchen die Realitätswahrnehmungen von anderen Menschen nicht zu übernehmen. Eine nicht wertende, friedliche und klare Einstellung zu kultivieren, der Entschluss, auf jede Situation mit Gedanken, Worten und Taten der Liebe zu antworten, sind die besten Geschenke, die Sie machen können und der einzige Weg, um ernsthaft etwas in der Welt zu verändern.

Jede wahrhafte Manifestation in der Welt erfordert einen Bewusstseinswandel, die Einsicht in die wahre Natur der Wirklichkeit. Die japanische Gedichtform Haiku ist ein gutes Beispiel dafür: Mir wurde es so erklärt, dass der wahre Haiku immer Raum für den transformativen Atem Gottes lässt, obwohl diese Gedichtform eine strenge Struktur hat (normalerweise sind es 17 Silben in drei Gedichtzeilen zu 5, 7 und 5 Silben).

Jeder von uns hat die Möglichkeit, sein Bewusstsein durch sein Verhalten zu ändern. Sie haben sicherlich schon einmal die Wirkung auf andere miterlebt, wenn jemand in einer mürrischen oder niedergeschlagenen Stimmung den Raum betritt. In meinem Management-Training habe ich gelernt, dass eine positiv auftretende Person lediglich zwei andere Menschen mitreißen kann, wohingegen eine negativ gestimmte Person bis zu neun Menschen beeinflusst!

Damit Sie einen positiven Einfluss ausüben und eine gute Energie ausstrahlen, müssen Sie sich zwischen den Gegensätzen bewegen – einerseits Ihr Bewusstsein erhöhen, andererseits geerdet bleiben. Sich von der Welt zurückzuziehen scheint verlockend, wenn alles im Chaos versinkt, aber es ist genau die Interaktion mit anderen Menschen, die Sie der Erleuchtung schneller näherbringt. Erst in der Beziehung zu anderen können wir uns wiedererkennen und an unseren Problemen arbeiten. Wenn wir mit anderen in einer „guten" Weise umgehen und die Energie der Liebe entwickeln, können wir unsere eigenen Themen lösen und eine Energie ausstrahlen, die eine bessere Schwingung hat.

Empathie versus Sympathie

Ein weiteres Paradoxon bildet das Begriffspaar Empathie und Sympathie. Wenn wir mit dem Dilemma einer anderen Person sympathisieren oder uns damit identifizieren, dann leiden wir mit. Das ist für diesen Menschen nicht hilfreich. Empathie hingegen erlaubt es uns, die Gefühle des anderen zu verstehen, ohne sie uns zu eigen zu machen. Dadurch sind wir frei und können demjenigen mehr Halt geben und ihn positiv beeinflussen und ermutigen.

Unsere Bereitschaft, anderen Menschen zu helfen, artet oft darin aus, dass wir aufspringen, um sie zu „retten". Eine tragische Geschichte, die ich letztes Jahr erlebte, hat mir die Sinnlosigkeit eines solchen Verhaltens vor Augen geführt. Wie Sie wissen, ist Regen im Westen von Schottland ein Dauergast, besonders im Winter. Letztes Jahr war keine Ausnahme.

Das führte dazu, dass der Fluss Garnock über seine Ufer trat. Während eines Spaziergangs wurden die jungen Hunde einer Familie von den Fluten mitgerissen. Mutter und Vater sprangen hinterher, um die Hunde zu retten, ertranken jedoch beide. Sie hinterließen ihr sieben Monate altes Töchterchen als Waise. Es wäre sicherlich anders ausgegangen, wäre ein Elternteil am Ufer geblieben.

Unser bestes Werkzeug ist die Fähigkeit, jemandem oder einer Situation positive Gedanken oder Gebete zu schicken. Unsere Wohltätigkeitsorganisation ist mit einem Forum verbunden, das wir seit zehn Jahren konsequent betreiben. Jeden Freitag verschicken wir Botschaften der Hoffnung und der Unterstützung an unsere Freunde weltweit. Wenn jemand Hilfe braucht, wird sein Name vorgebracht und wir schicken der Person viel Licht in Liebe. Über die Jahre ist es zu einigen wundersamen Heilungen gekommen, Tumore haben sich aufgelöst oder eine Genesung ist überraschend schnell eingetreten. Liebe heilt einfach!

Was wir gemeinsam erreichen, überrascht mich immer wieder. Wenn wir uns alle für einen gemeinsamen Zweck verbinden oder gegen eine Ungerechtigkeit vorgehen, dann sind unsere Gedanken, Worte und Taten eine ernstzunehmende Kraft. Natürlich sind wir unter der Oberfläche alle miteinander verbunden, aber die meiste Zeit sind wir uns dieser Einheit nicht bewusst und glauben vielmehr an die Trennung. Trotz dieser Defragmentierung sehnen sich unsere Seelen nach Harmonie. Ich hatte das Glück, diese spirituelle Einheit mit einer großen Gruppe von Menschen erleben zu dürfen. Deshalb bin ich überzeugt, dass wir uns alle nach diesem Zustand sehnen!

Kurz bevor ich dieses Buches beendete, erlebte ich eine Glückssträhne. Meine Web-Werbeagentur landete mit einem selbstproduzierten Video einen Riesenerfolg in den sozialen Netzwerken. Es war eigentlich so nicht geplant – ich war gerade im Urlaub – und die überraschende Wirkung hat uns alle überrumpelt. Dabei zuzuschauen, wie die Beliebtheitsquote dieses Videos in die Millionen kletterte und die vielen berührenden Reaktionen darauf zu erleben, war allein schon äußerst aufregend und beinahe surreal.

Innerhalb von wenigen Wochen hatten wir Arbeitsangebote und Anfragen für eine Zusammenarbeit aus aller Herren Länder. Mir vollkommen unbekannte Menschen sagten mir, dass sie mich entweder liebten oder hassten. Multinationale Unternehmen riefen uns Tag und Nacht an. Es schien, als ob ich plötzlich mit jeder menschlichen Schattierung konfrontiert war, wobei jede Stimme gehört werden wollte. Was mich wirklich faszinierte, war der Gedanke, dass dieses Phänomen ohne das Internet absolut unmöglich gewesen wäre. Innerhalb eines Monats hatten wir mehrere Tausend E-Mails erhalten und genügend Aufträge, um uns die nächsten Jahre zu beschäftigen!

Hinzu kam, dass ich mich in dem Monat zuvor dazu entschlossen hatte, meinen Fokus zu verlagern, weg vom Geschäft hin zu meiner „spirituellen" und wohltätigen Arbeit im Gesundheitsbereich. Ich konnte noch keine Verbindung erkennen zwischen meiner Arbeit in der Firma – Inhalte für Webseiten zu schreiben – und meinem Wunsch, der Welt in einer bedeutsamen Weise zu dienen.

Das Video heißt *The Power of Words* (Die Macht der Worte) und war bereits über ein Jahr öffentlich zu sehen, bevor sich der Durchbruch ereignete. Wir hatten es ursprünglich als Hommage an den preisgekrönten Film von Alonso Alvarez Barreda, *Historia de un Letrero* produziert, den wir sehr bewunderten. Wir kürzten das Video ein wenig, um es ins Internet zu stellen. Als ich dem Video einen Untertitel geben wollte, nahm ich mir einen Augenblick Zeit, um darüber nachzudenken. Mir kam der Titel *Ändere deine Worte und du änderst deine Welt*, der eigentlich das zusammenfasste, was wir als Web-Inhalte anboten. Wir hatten das Video eigentlich erst nachträglich auf YouTube hochgeladen.

In den Monaten, als ich mir Gedanken darüber machte, was ich mit meiner Web-Werbeagentur anstellen wollte, fragte mich meine Business-Mentorin, was ich denn wirklich erreichen wollte. Ich erzählte ihr, dass ich mir das Hirn darüber zermarterte, wie ich eine Verbindung zwischen Werbetexten und Coaching und Heilarbeit, wofür ich mich wirklich berufen fühlte, herstellen könnte. Sie empfahl mir, eine neue, einschlägige Affirmation auszudenken. Sie wies mich auch darauf hin, dass der Video-Untertitel beide Bereiche meiner Arbeit perfekt ausdrückte und schlug vor, dass ich meine Botschaften doch ernster nehmen sollte!

In dem Monat vor meinem Urlaub schrieb ich mir also folgende Affirmation auf: „Ich lasse das Bedürfnis los, einer Arbeit nachzugehen, die nicht mit meiner Seele übereinstimmt." Ich begann, anders über meine Arbeit zu denken und zu sprechen. Wenn ich gefragt wurde, was ich beruflich machte, antwortete ich nun: „Ich helfe Menschen dabei, ihre Welt zu verändern, indem sie ihre Worte verändern." Das weckte richtiges Interesse bei ihnen!

Die simple Wahrheit des Video-Slogans erreichte offenbar die Herzen und Köpfe vieler Menschen, sodass das Video ein durchschlagender Erfolg wurde. Auch wenn es uns unweigerlich Kritik einbrachte, so überwogen doch die äußerst positiven und aufbauenden Reaktionen. Es hat immerhin ein Weltfriedensprojekt, einige Buchpräsentationen, Umweltkampagnen und ein multinationales Musikfestival hervorgebracht. Und das ist nur eine Auswahl an erfolgreichen Projekten. Ein weiterer Effekt lag darin, dass wir Interesse an unserer Wohltätigkeitsorganisation Salem Schottland weckten und dadurch Spenden erhielten. Somit können wir weiterhin durch unsere Arbeit mit Jugendlichen und deren Betreuern „die Welt verändern".

Dieses ganze Ereignis will nur zeigen, wie viel Macht Sie haben. Jeder einzelne von uns erschafft seine Wirklichkeit durch seine Gedanken, Worte, Glaubenssätze und Handlungen. Ist das nicht faszinierend? Sie brauchen sich nur zu entscheiden, was Sie für das Allgemeinwohl tun (oder noch wichtiger, sein) wollen. Das Universum kümmert sich dann um die Details.

Zum Abschluss

Als ich dieses Buch schrieb (Ende Oktober 2011), ereigneten sich weltweit außergewöhnliche Dinge. Große, traditionelle Unternehmen wie Banken und Medienunternehmen gerieten ins Schwanken, sogar Diktatoren wurden gestürzt. Habsucht und Korruption traten immer mehr ans Tageslicht. Ich sehe in dieser Entwicklung weniger die „Endzeit", ich beobachte sie vielmehr mit Spannung. Wir befinden uns anscheinend an einem Wendepunkt, der uns in eine neue Wirklichkeit katapultieren kann. Wenn wir unsere Gedanken in eine positive Richtung lenken, haben wir größere Chancen, kollektiv eine Gesellschaft zu erschaffen, die auf den einzig wahren Werten basiert: Liebe, Freude und Frieden.

Diese Evolution erfordert von uns, dass jeder die Verantwortung für seinen Part in diesem komplexen Spiel übernimmt. Wir sollten dabei das Beste aus uns herausholen und anerkennen, dass wir Mitschöpfer der höchsten Ordnung sind. Unsere Glaubenssätze bestimmen unsere Gedanken und Worte, die wiederum unsere Taten hervorbringen. Das ist doch ein beruhigender Gedanke, oder? Wir müssen den Planeten *nicht* retten oder Armut bekämpfen oder die Hungernden ernähren oder die Welt verändern. Zumindest nicht allein! Diese Vorstellungen sind *viel* zu groß und bewirken meistens ein Gefühl der Überforderung, das zu Hoffnungslosigkeit und Untätigkeit führt. Wenn jedoch jeder erst einmal vor der eigenen Haustür kehrt, seine

Glaubenssysteme verändert und auf eine Weise mit anderen Menschen in Beziehung tritt, die Freude, Frieden und Liebe ausstrahlt, dann kann sich die Welt auf natürliche Weise wandeln.

Die Macht Ihrer höchsten Gedanken, die Kraft Ihrer stärksten Überzeugungen, der Balsam Ihrer sanftesten Worte und die Wahrheit Ihrer ehrenhaftesten Taten können dazu beitragen, dass jeder sein Leben auf dieser Erde anders erlebt. Und es sind die kleinen Liebenswürdigkeiten, die am meisten zählen.

Warten Sie keine Sekunde länger – die Welt braucht Sie ...

Danksagungen

Wie viele Autoren sprach auch ich in den letzten Jahren davon, dass ich „an einem Buch arbeite". In Wahrheit war es mehr das Buch, das an mir arbeitete. Ich möchte mich besonders bei meiner lieben Familie und meinen wunderbaren Freunden zu Hause und im Ausland dafür bedanken, dass sie mich ertragen und immer wieder unterstützt haben, als es schwierig wurde. Sie bedeuten mir sehr viel. ☺

David Hamilton bin ich ganz besonders dankbar dafür, dass er mir geholfen hat, meinen Traum am Leben zu halten und dass er mich bei jedem meiner Schritte ermutigte. Mein Dank gilt auch Amy, Michelle, Dan, Jo, Ed und Sandy von Hay House Publishers für ihre geduldige und einfühlsame professionelle Unterstützung.

Hinzu kommen die Weisheit und der Zuspruch, die ich von meinen Autorenkollegen Thom Hartmann und Mark Robert erhalten habe, die dieses Buch zu dem gemacht haben, was es ist. Ich bin ihnen für ihren Input unendlich dankbar.

Mein Dank gilt auch Luke und Lina Borwick, in deren Schloss ich leben durfte; dem Personal des Rowan Tree Restaurants, die mir ein zweites Zuhause schenkten; und Alex, Jonny und „Star" für ihre engagierte Buchwerbung.

Über die Autorin

Andrea Gardner ist Autorin und Online-Content-Spezialistin mit über zehnjähriger Erfahrung bei der Formulierung aussagekräftiger Inhalte für Webseiten, E-Mail-Kampagnen und Online-Features. Ihre ersten Berufserfahrungen sammelte sie als Verfasserin von Reportagen und im Zeitungsmarketing. Dann ging sie online und gründete 2003 die Firma *Purplefeather*. Seitdem profitieren u.a. Kunden wie Hilton International, BBC Schottland, Macdonald Hotels und die nationale Bankenvereinigung Australiens von ihren gezielten Werbeformulierungen.

Worte sind ihre Freunde. Sie verbringt viel Zeit damit, sie entweder zu lieben, zu hassen, mit ihnen zu hadern oder zu spielen, alles im Namen der Entwicklung einer aussagekräftigen Beziehung. Ihre größte Freude liegt darin, Worte wieder fit zu machen, wenn sie schlapp geworden sind. Die Worte wissen dies oft zu schätzen … und tun ihr den Gefallen.

Andrea glaubt fest an ihr Motto: „Ändere deine Worte und du änderst deine Welt." 2006 absolvierte sie eine Fortbildung als Trainerin von Workshops zu *Heal Your Life®*. Dadurch kann sie Menschen helfen, ihren inneren Dialog umzuformulieren und ihr Leben wieder in den Griff zu bekommen. In England bietet sie regelmäßig Workshops zu Persönlichkeitsentwicklung an und gibt Seminare in Unternehmen in London, Kairo und Schottland.

2011 produzierte sie den Videoclip „The Power of Words", der gleich am ersten Wochenende auf Youtube mehr als 1 Mio. Klicks bekam. Inzwischen wurde er ca. 20 Mio. mal angeschaut und ist damit einer der beliebtesten Clips aller Zeiten auf Youtube!

Version mit deutschen Untertiteln finden Sie hier:
http://www.youtube.com/watch?v=r0m3OZ7FgZE
(oder QR-Code scannen)

www.purplefeather.co.uk   www.changeyourwords.co.uk

Über den Verlag

Diamond Approach
Lebendige Beziehung Glücksprinzip
Spirituelle Romane Stille und Meditation Zen
Persönlichkeitsentwicklung inspire!
Integral jkamphausen Alter & Übergang
Kommunikation Einheitserfahrung
Naikan Psychologie
TM Advaita neues Denken & Handeln
Transzendenz & Bewusstsein

Mit Liebe fürs Detail und für die Umwelt

Bei der Auswahl der Inhalte, die wir präsentieren, achten wir auf Originalität, Kompetenz, Praxisrelevanz und Qualität. So können wir mit Herz und Seele hinter unseren Büchern, Hörbüchern, Filmen und den anderen Produkten stehen, die wir mit viel Liebe und Aufmerksamkeit bis ins letzte Detail fertigen.

Wir leisten einen aktiven Beitrag zum Umweltschutz und verbrauchen nur wirklich notwendige Ressourcen – so sparsam wie möglich. Wir drucken überwiegend auf 100% Recyclingpapier oder produzieren unsere Titel klimaneutral. 99% unserer Fertigung findet in Deutschland statt, so haben wir kurze Transportwege und unterstützen die lokale Wirtschaft.

Inspirationen, interessante und wertvolle Neuigkeiten, Wahres, Schönes & Gutes sowie wichtige Termine können Sie regelmäßig in unserem Newsletter erfahren oder hier: **www.facebook.com/weltinnenraum**

weltinnenraum.de

J.Kamphausen | Mediengruppe